もう気にしない、困らない!

美しい テーブルマナー

素敵に魅せる「大人の女性」のベーシック・マナー

松本繁美 監修

日本文芸社

は・じ・め・に

マナーや食べ方を知ってさえいれば、あらたまった席 ── たとえば恋人の両親との食事、披露宴、接待の席、高級レストランなど ── で、もっと料理の味を楽しむことができ、会話もはずんだはずなのに……。こんな悲しい経験をしたことはありませんか?

フォークの使い方をまちがえたり、音を立ててしまうこと自体は些細なミスですが、あなたの印象を悪くし、評判を落とすのには十分です。だって、一緒にいる相手が、スープをズルズルと飲んだり、パンをガブリとかじってしまったら、食事を楽しむ気持ちになれますか?

よいテーブルマナーを身につければ、問題はすべて解決します。本書を参考に、いつもより少し気取ったレストランに出かけてみてください。その場所での緊張感が、あなたのテーブルマナーにいっそう磨きをかけてくれるでしょう。マナーが洗練され完成してくれば、どんな場所でも食事を楽しめ、どんな人とも食事中の会話がはずむようになるのです。そのために、家での食事や、ひとりで食べるときでさえ、いつもマナーを心がけ、実行してください。所作やふるまいは、毎日の積み重ねが大切なのです。

美味しく、楽しく食べてこそ食事。あなたがマナーに自信がもてる日がくるまで、この本がお役に立てば幸いです。

松本繁美

Contents

Contents

Contents

序章

美しいテーブルマナーマスターガイド

マナーというと、「堅苦しい決まりごと」を想像しがちですが、
もとはといえば、自分を含め、周囲のみんなが、
気持ちのいいひとときをすごすための、最低限の心配りのこと。
自然と身につけていくことが理想です。

テーブルマナー してはいけない 10のこと

Table manners

NG 01 前かがみにならない

細かなマナーうんぬんの前に、まず気をつけたいのは「姿勢」です。いくら上品にドレスアップしても、いざ食事が始まったら背を丸めてお皿に顔を近づけ犬食い……。これでは大きなマイナスです。

姿勢を正す…これは料理のジャンルを問わず、マナーすべてに共通していえること。普段から猫背の人は意識して背を伸ばすように心がけましょう。

NG 02 お皿の上の料理を全部切り分けない

基本的に、料理は左側からひとくち大に切り分けながら食べます。ただし、最初から全部切り分けてしまうのは考えもの。せっかくの料理の美しさも損なわせてしまいます。そして、なにより、切り置きすると料理に含まれている旨味が切り口から逃げてしまいますし、料理も冷めておいしさが半減します。食べる分だけ、その都度ひとくちぶんずつ切って口に運ぶようにしましょう。

NG 03 口の中に食べ物を入れたまま話さない

口にものをほおばったまま話をしないこと。噛んでいる食べ物が見えてしまい、汚らしい行為になります。また、口を開けたまま噛むと、クチャクチャと音がする原因にもなります。

NG 04 食べている最中に音を立てない

くちゃくちゃ噛んだり、スープをズズッと音をたてて飲むなどの「音」にも気をつけて。ゲップも厳禁。やむをえず音をたててしまった場合は、「失礼」とひと言お詫びを。

ナイフやフォークのカチャカチャという音もNGです。そっと音をたてないよう切り分けたり刺したりしましょう。

NG 05 ナイフやフォーク（箸）を振り回さない

会話が興にのってくると、手元の所作に注意を払うのを忘れたり、オーバーアクションになりがち。両手にナイフとフォークを持ってそれを宙に浮かせたまま話に夢中になったり、お箸を持ち上げて振り回したりといった行為はしないこと。

話が長くなったり、あるいは熱が入ってきたら、いったん手に持ったものを置きましょう。

NG 06 歯をいじらない

歯に食べ物がはさまって気持ち悪い……。そんなとき、どうしますか？　まさか指で取り除く人はいないと思いますが、つま楊枝を使うのもちょっと考えもの。なぜなら、そもそも人前で歯をいじること自体が品のない行為だからです。歯に詰ったら、まず水を飲んで対処しましょう。洗面所に立つチャンスが来るまで、できるだけ我慢です。

NG 07 ナプキンやカトラリーを自分で拾わない

あらたまったレストランで食事をする場合、レストランはサービスする側、お客はサービスを受ける側、とはっきり役割が決まっています。お店の人はよいサービスを提供するために、常にフロアに目を光らせ、素早く対処するよう待機しているもの。ナプキンやカトラリーを落としてしまったとしても、ウエイターがさっと拾って新しいものに代えてくれます。

その際、お礼のひと言は必ず添えて。

NG 08 噛んでいる途中に飲み物で流し込まない

料理が美味しいからといって一度にたくさん口に入れすぎるのは、見苦しいので避けたいところ。ましてや水やビール、ワインなどを飲んで流し込む行為はスマートとは言いがたく、避けなくてはならない行為です。料理はひとくちで食べられる分だけを口に運ぶのが基本。「熱いものは熱いうちに、冷たいものは冷たいうちに」のルールを守りつつ、味わうようにしましょう。

NG 09 会話のない食事

いくらナイフやフォークを上手く使い、音を立てずエレガントに食べることができても、無口なままで黙々と食事をするのは、避けたい行為です。

楽しくにこやかに会話を楽しむことも、大切なテーブルマナーのひとつということを忘れないで。ただし、大声で会話して周りからひんしゅくをかわないように。

NG 10 黙って席を離れない

何か用事があって少し席を外す場合でも、黙って席を外すのではなく、必ず「失礼します」と告げます。トイレに行きたいときや、お会計のために席を外すときなども同様です。

食事中は、少なくともデザートまでは席を立つべきではありません。やむをえない場合はしかたありませんが、そんなときも、早めに用事をすませ、席に戻るようにします

あなたのマナー美人度をチェック!

知っていそうで意外と知らないマナーの落とし穴。気づかないうちにマナー違反していませんか? あなたのマナー美人度はどれくらい?

和・洋食編

料理を口に運ぶとき口元に手を添えたほうがいい?

しずくのたれる料理を食べるとき、つい、左手を受け皿代わりにしていませんか? 一見すると上品な仕草のようですが、それは大きな間違い。見苦しい行為とされているので絶対にやめましょう。

和食では小さい器は手に持って食べるのが基本。器を持ちにくいときは、懐紙で受けながら食べます。懐紙はデパートや茶舗などで売っているので、あらかじめ用意しておきましょう。

醤油をこぼしてしまった! つい、おしぼりで拭いたけど…

おしぼりは日本ならではの習慣で、お店で着席したあとに手の汚れを拭くものです。うっかりしょうゆをこぼしてしまったときなどに、さっとおしぼりで拭きたくなりますが、これはやめたほうがよいでしょう。お店の人に「拭いていただけますか?」と頼むのがベストです。口元が汚れたときもおしぼりで拭くのではなく、懐紙を使います。

日本酒はやっぱり手酌?

「さしつ、さされつ」しながら飲むのがお酒のマナーと心得ましょう。相手からすすめられたら必ず杯を持ってお酌を受けること。こちらがお酌をするときは、相手の杯のお酒が3分の1程度になったらすすめるようにします。ただし、飲めない人にまで無理やりお酌するようなことは絶対にやめて。相手に応じて臨機応変に対応できる人こそ真のマナー美人といえるのです。

体調が思わしくないときや、もともと小食の場合は?

あまり量を食べられそうにないときは、オーダーするときに少なめに用意してもらうようお願いするとよいでしょう。決まったメニューであっても、ひと工夫してくれる場合もありますから、まずは相談を。嫌いなものがあるという場合も、同様です。

同席の相手に対しては、さりげなくその旨を伝えるようにしましょう。食べ残すくらいなら、事前に対処しておいたほうが、好印象です。

ワイングラスを倒してしまった！

不意のトラブルに慌ててしまうでしょうが、「わー、大変！」などと大きな声で騒ぐのは考えもの。周りのお客様も落ち着かない気分にさせます。失敗を大袈裟に見せないふるまいも大人のマナーのうち。立ち上がって自分で処理するよりも、すみやかに店のスタッフを呼び、対処してもらうほうがスマートです。もちろん、同席者が倒した場合も同様です。

食事中にトイレに行きたくなったら？

食事中のトイレはできるだけ避けるのがマナーですが、ソワソワしたり、がまんしきれずに慌てて席を立つよりは、「ちょっと失礼」と中座するほうが何倍もスマート。このとき注意したいのが、席を立つタイミング。料理を食べている最中の中座は絶対に避けること。次の料理が出てくる間、できればメインを食べ終えたあとにしましょう。

記念写真を撮ってメールしちゃおう

何かの記念日にレストランを訪れた際などは、記念写真を撮りたいと思うのが人情。そんなときは、必ずお店の許可をとるようにしましょう。また、シャッターをきるのはお店の人に任せると、周囲に迷惑がかからないように撮ってくれます。携帯電話やデジカメで料理の写真を撮る場合も、一応店に許可を得るべき。一流店では断られる場合もありますのでご注意を。

訪問・パーティー編

ダイエット中に甘いお菓子を出された

無理して食べる必要はありませんが、「ダイエット中なので」と無下に断るのも角が立ちます。先方の気持ちを傷つけないように「食事をしたばかりなので」と不自然でない理由で遠慮するか、「せっかくですがダイエット中なんです。とてもおいしそうなのに残念ですが……」などとやんわり断って。少しだけ口をつけて、残すのはかえってマナー違反です。

訪問先でごちそうになるときお手伝いするべきか迷います

何回か訪問しているお宅で、先方が忙しそうにしている場合は「何かお手伝いしましょうか？」と一声かけます。ただ、「お気づかいなく」と言われたらおとなしく引き下がること。エプロン持参で行くのは、よほど気心が知れた相手に限ります。初めての訪問先では、手伝いを率先する必要はありません。親切心のつもりが、ありがた迷惑になる場合もあります。

お客様からいただいた手みやげを出してもよい？

手みやげは、お客様が食べたいと思うものを持ってきてくれることが多いもの。相手が親しい間柄で、手みやげがその場で食べられるようなものだったら、「お持たせをいただいてよろしいですか」と聞いて一緒に出してもいいでしょう。なお、いただいたお菓子がこちらで用意しているものと似通ったものだったら、相手に気をつかわせないために、いただいたほうを出すようにします。

立食パーティには、何分ぐらい遅れても許されるの？

開始の時間に間に合わなくても、顔を出したほうが喜ばれるのがビュッフェ（立食）・スタイルのパーティ。それでも、やはり乾杯やあいさつなどが始まる10〜20分前には到着しておきたいもの。また、早めに帰るときは、そっと退場するようにしましょう。帰り支度をすましてから、また会場に戻るのはタブーです。

第1章 洋食のマナー

友人との会食、デートや披露宴など、試される機会の多い洋食マナー。
ナイフやフォークの使い方などの基本的なマナーはもちろんですが、
優雅さやゆとりを感じさせるふるまいが、全体の美しさを引き立てます。

予約するときの注意点

予約する際には、あらかじめこちらの希望を伝えておくこと。そうすれば店側もそれに応じたサービスをしてくれます。予約といってもただ日時や予算だけでなく、席なども希望を伝えます。

予約の電話は一週間前に入れる

レストランに行くことが決まったら、なるべく予約をしておきたいものです。席の希望や予算の目安などを伝えるほか、おすすめ料理の情報なども聞いておけるので、当日も安心して出かけることができますし、レストラン側もこちらの希望を知っておけば、それに沿ったサービスを整えてくれます。

できれば一週間前までには入れておき、さらに前日か当日に電話で確認します。

行きたい店が人気店の場合は、何日も前からでないと予約できないこともあります。余裕をもって10日~2週間前には予約しておいたほうが無難です。

日時・人数・予算のほか会食の目的を伝えても

予約時に必ず伝えることは、名前、日時、人数です。コース料理を予約する場合は、予算や苦手の食材などを伝えておくとよいでしょう。店はそれに応じた料理を作ってくれます。

必要に応じて、子どもの入店、カードの使用可否、閉店時間、「上着・ネクタイ着用」といったドレスコードの有無なども聞いておきましょう。「誕生日のお祝いに」などと会食の目的を伝えると、それに合ったサービスを提供してくれるお店もあります。

日時を変更する場合はすぐ店に電話する

予約をキャンセルする場合は、すぐ店に電話でその旨を伝えます。日時を変更する場合も同様。

予約時間に遅れそうなときは「15分ほど遅れます」などと店に電話をしましょう。変更がわかった時点で、なるべく早く連絡を入れるのがマナーです。

Q&A 食前酒にビールを頼んでもいい?

日本人はまず最初にビールでのどを潤すのが大好きです。とはいえ、フランス料理となると、ちょっと……。決してマナー違反ではありませんが、周りはシャンパンなのに自分だけビールというのは考えもの。

ときには、場の雰囲気を掴むことも必要です。たとえば、炭酸を使ったカクテルをビール代わりに頼んでみてはいかが? キールやジントニックなどの、甘味を抑えたさっぱり系のカクテルなら、食前酒にぴったりです(21ページ参照)。

キャンセルについて

キャンセルは基本的に大きなマナー違反ということを忘れずに。レストラン側では人数やお客様の好みで材料を用意したり席を決めたりしています。配慮なくあちこち押さえておくというのは、モラルを問われます。

予約から入店までの流れ

お店選びからスマートな予約まで、事前の準備も周到に。

上手にこなして笑顔でお店に迎えてもらえば、きっとリラックスして優雅な食事を楽しめます。

01 2週間前 店を選ぶ

会食の目的を考え、それに合った料理、雰囲気のお店を選ぶようにします。初めてのお店の場合は、あらかじめランチで下見をしておくと、料理の味や店の雰囲気などがわかって安心です。

02 1週間前 予約の電話を入れる

余裕をもって1週間前には予約の電話を。名前・日時・人数・予算などを伝えます（予約時の確認事項は下記参照）。人気がある店ほど予約が取りづらくなるので、早めに電話をしましょう。

03 前日 予約確認の電話を入れる

予約の電話をしてから当日まで間があるときは、直前にもう一度店に確認の電話をしておくと安心です。

04 当日 予約時間に合わせて店に到着する

15分以上遅れる場合は「○分ほど遅れます」と店に電話を。キャンセルや変更の場合は、変更がわかった時点で連絡するようにしましょう。

予約時に伝えたいこと

日時	希望日時を伝えます。
人数	「男性2名と女性2名、計4名です」などと明確に伝えましょう。
予算	予算内におさまらないと言われた場合は、料理の内容を変更したり、飲み物の値段をおさえて。
目的	「誕生会」「接待」「送別会」など、会食の目的を伝えておくとベター。

予約時に尋ねたいこと

子どもの入店可否	小さな子どもが騒ぎだすと、店側にも迷惑がかかります。
カードの使用可否	使用しているカード会社のカードが使えるかどうかも確認を。
閉店時間	時期によって変則的なお店もあります。
ドレスコードの有無	「上着、ネクタイ着用」など。
コース内容	コース内容を確認します。嫌いなものは別のものに替えてもらいましょう。

身だしなみのマナー

フランス料理 洋 French cuisine

レストランを訪れる際には、店の雰囲気や会食の目的に合わせた格好を心がけましょう。周囲の人が違和感を覚えるような服装や、器を傷つけるおそれのあるアクセサリーなどはNGです。

TPOに合わせた服装を心がける

レストランに行くときは、店の格式や雰囲気、会食の趣旨に適した服装をすることが大切です。一流店へジーンズにスニーカーを履いて行く人はさすがにいないと思いますが、逆に、カジュアルなお店へ行くのに過度にドレスアップしても、違和感があります。

服装を整えることは、同席者に対しての最低限のマナーです。親しい間柄の集まりでも、男性はダークスーツか、せめてジャケットを、女性はワンピースかスーツなどを着用するようにしたいもの。あまりにもラフな格好は、欧米のお店では断れる場合もあるので要注意。

仕事の接待などでレストランに急に行くことになった場合も、上着を着たりアクセサリーをつけるなどして、おしゃれをしていくことが大切です。

メイクやアクセサリー、香水は控えめに

メイクも同様に、TPOに合わせた上品なものを心がけましょう。濃さもレストランの照明を考えたものにします。また、グラスにべったりと口紅がつかないよう、着席する前に洗面所へ行って、ティッシュで押さえておきます。

アクセサリーはジャラジャラと音のするブレスレットなどはNG。食器を傷つけるおそれのある大振りなものは避けます。

香りのきつい香水は、料理をいただく場ではあまりおすすめできません。料理の香りを損ねてしまう場合が多いからです。どうしてもという人は、数時間前にうすくつけておくか、食後に洗面所でつけるようにしましょう。

ロングヘアの人は、料理に髪の毛が入らないように、あらかじめすっきりまとめておきましょう。

アドバイス

TPOをわきまえて優雅なひとときを

お店によってはドレスコード（服装指定）がある場合がありますが、あまり難しく考えすぎず、「周囲の雰囲気を損なわないよう、場所や時間帯にあわせた服装」であればOKです。判断がつかないならワンピースやスーツ、男性ならダークスーツが無難。お店によっては、ジーンズやコットンパンツで来店してしまった男性客のために、貸しスラックスを用意しているところもあります。ただし、ディナーパーティなどで招待状に「ブラックタイ」とあったら、女性ならイブニングドレス、男性はタキシードを着用します。もっとも、パーティの格式にもいろいろありますから、会食の趣旨をしっかり把握しておくようにしましょう。

レストランにふさわしい服装と身だしなみ

**レストランは食事だけでなく、優雅なひとときを味わう場所でもあります。

自分が食べやすいのはもちろんですが、周囲や相手を不快にさせない気配りを常に心がけましょう。**

髪の毛
食事中に、髪の毛が料理やお皿にかからないように。ロングヘアならひとつにまとめたり、バレッタでとめるなどしてスッキリまとめましょう。

アクセサリー
控えめが基本。大振りのアクセサリーは食器を傷つけてしまう場合もあるので避けて。

香水
つける場合は香りの控えめなオードトワレがおすすめ。上半身にはつけず、ひざやスカートの裾などに軽くふきかける程度がよいでしょう。

服装
ワンピースかスーツが基本です。レストランの雰囲気や会食の趣旨に合わせた、浮かない服装を心がけましょう。

これはNG

- 香りのきつい香水や整髪料
- 大ぶりな指輪やブレスレッド
- ジーンズやスニーカー
- 髪が頬にかかる

One Point

衣類はスマートに預ける

入店の際、脱いだコートはクロークに預けておきましょう。軽くたたんでスタッフに渡します。また、食べる際に気になりそうなショールなどは、食事の前にスタッフに渡すようにします。写真のように座席の背もたれにかけておいてもよいでしょう。

コートは入り口でスタッフに。

座席でスタッフに預けても。

ショールは背もたれにかけてもよいでしょう。

入店から着席まで

フランス料理 洋 French cuisine

自分で席に着くようなな勝手なふるまいはマナー違反。人数や食事の目的に合わせて支配人がぴったりの席を案内してくれます。入り口から席へ向かうときは、女性か目上の人が先に。

クロークに荷物を預け案内に従って着席する

店に到着したらコートを脱ぎ、貴重品以外の荷物はクロークに預けます。クロークがないお店の場合は、スタッフに預けましょう。

レストランでは、自分の好きな席に勝手に座ることはあり得ません。支配人やスタッフが案内してくれるのを待ちましょう。人数や会食の目的に合わせ、ふさわしい席を用意してくれます。

もし、案内してくれた席が気に入らなければ希望を伝えましょう。お店の状況次第では替えてくれることもあります。

プライベートの食事ではまず女性から椅子に座る

プライベートな食事の場合は、レディファーストが基本です。案内してくれるスタッフの次が女性、そのあとに男性が続くようにして席へ向かいましょう。

案内され最初に椅子を引かれたほうが上席。まず女性が座ります。男性は、女性が座るのを見届けてから着席します。

女性同士(または男性同士)のときは、年上や目上の人を先に。接待のときは、お客様を優先することはいうまでもありません。

バッグは給仕の人の邪魔にならない場所に

バッグは椅子の下か、店があらかじめ用意しているワゴンなどに置きます。大きいバッグは、入店の際に預かってもらいましょう。椅子の背にかけるのはNGです。

薄くて小さいバッグなら膝の上に置いて、二つ折りのナプキンの間にはさんでもよいでしょう。背もたれと背中の間は、椅子の形状によっては下に落としてしまうことがあるので、あまりおすすめできません。

Column レディファーストについて

●基本的に女性が優先
入店するときや、着席するとき、食べ始めるときは、すべて女性が先です。

●女性が一番美しく見える席へ
基本的に上座は女性。女性が右側から見たほうが映えるときは、右半身が客席側になる席を選ぶなどの配慮も。

●女性を立てる
男性は女性のためにドアを開けてあげたり、椅子を引いてあげたりします。ワインなどを注ぐのも男性の役目。

●女性は堂々と
レディファーストの扱いを受けたら、女性は恥ずかしがらず、背筋を伸ばしてエレガントにふるまうようにしましょう。

美しい座り方

高級レストランでは自分で椅子を引かず、店のスタッフが引いてくれます。
先に女性が座り、男性は女性が座るのを見届けてから座ります。

上席・末席

プライベートのときは女性が上席。仕事上での食事では、上司や目上の人が上席に座ります。
上席とは、壁を背にした席や、通路や出入り口から離れている「居心地のよい席」のこと。外の景色が美しければ窓に向かった席、外から店内が見られるような窓際なら、窓に背を向けた席が上席となります。

【座り方】

椅子の左側に立ちます。スペースの問題で左側から入るのが難しい場合は、右側から入ってもOK。

椅子を引いてもらったらテーブルと椅子の間に入ります。

膝裏に椅子が当たったか当たらないかくらいのタイミングで腰を下ろしましょう。椅子を引くときは、座面の下を両手で持ちます。

One Point 立ち上がるときは

座面の下を両手で持ち、軽く腰を浮かせて動かします。テーブルを揺らしてしまった場合は「失礼しました」のひとことを忘れずに。

【美しい姿勢】

深く腰かけ、テーブルと体の間に握りこぶしが二つ分入るくらいの間隔をあけます。背もたれからは握りこぶしひとつ分ほど離すように腰かけ、背筋を伸ばして座ると、美しく上品に見えます。足は組んだり開いたりせず、両足をきちんと揃えます。

センスアップ

バッグの置き場所

バッグなどを載せて置く台をテーブルごとに用意してあるお店もありますが、そうでない場合は自分の目が届き、かつサービスの邪魔にならないところに置くようにしましょう。

これはNG

椅子の背にショルダーバッグをかけるのは、サービスの邪魔になるのでやめましょう。

小さいバッグなら膝の上に置いてナプキンの間にはさみます。

大きいバッグは座っている椅子の下へ。

食前酒の基礎知識

フランス料理 洋 French cuisine

食前酒は、これから食事に向かう気持ちを盛り上げてくれる名脇役。食欲を増進させる役割があるのも、食前酒。後口が爽やかな軽めのものを選ぶのが正解です。

リッチで優雅な気分を盛り上げてくれる食前酒

　着席して料理のメニューを見はじめるころに、ウエイターから食前酒(アペリティフ)をすすめられます。食前酒は胃の働きを活発にし食欲を増進させるものとされてきました。確かに料理が出てくるのを待ち遠しくさせる効果はあります。飲めない人は無理をしてオーダーする必要はありません。

　とはいえ、レストランはたんに食事をするためではなく、日常とは違う優雅な気分を味わうための場所でもあります。食前酒をいただきながら、ゆったりとメニュー選びするのも楽しみのひとつ。食前酒はそんなリッチな気分を盛り上げるアイテムとして恰好の飲み物といえるでしょう。

　乾杯は飲む前にグラスを顔の高さに持ち上げて行ないます。グラス同士を合わせる場合は、強くあてないこと。グラスを傷つけてしまうこともあるので、これは控えたほうがよいでしょう。

甘さを抑えたさっぱりしたものを

　食前酒に合うとされているのは、甘みを抑えたさっぱりした口当たりのもの。空腹だからといって甘みの強い濃厚なものを口にしてしまうと、それだけで満腹感を覚えてしまったり、その後に出される料理の味がわからなくなってしまいます。

　空腹時のお酒は酔いやすいので、アルコール度の強いものは避けましょう。また、食事前に何杯も飲むのも控えて。

これはNG

×料理が出てくる前に酔ってしまう

メインはあくまでも料理。お酒は料理のおいしさを引き立てるものなのでほどほどに。料理が出てくる前から「お酒に飲まれ」るようでは、同行者にもお店の人に対しても失礼です。

×お酒が苦手だからと、食前酒を断る

相手や周りの人が食前酒を楽しんでいるのであれば、できるかぎりつきあうようにしましょう。ペースをあわせるなら、自分はノンアルコールドリンクをたのむといいでしょう。

Q&A 食前酒にビールを飲みたいのですが……

ルール上ではかまいませんが、フランス料理店では、食前酒にビールはあまりふさわしくありません。飲んでしまうと、お腹が張って、せっかくの料理が入らなくなってしまう場合が多いからです。
たまにはシャンパンなどをグラスで楽しんでみては?

おすすめの食前酒

食前酒とひとくちにいっても種類は豊富。何を選べばよいか迷うところです。また、空腹時なのであまり強いものを飲むと酔いやすいので注意が必要です。

人気の食前酒

シェリー酒

スペイン産のワインの一種で、食前酒としてはドライシェリーをグラスで注文します。

スパークリングワイン

代表的なシャンパンはフランスのシャンパーニュ地方産の発泡性ワイン。ここ以外で作られたものはスパークリングワインと呼びます。

さっぱりしていて口当たりがよいのが特徴です。

ヴェルモット

ワインにニガヨモギ、ニッケイなどハーブの成分を加えた、さわやかな苦みのあるリキュール。

おすすめカクテル

キール

カシスのリキュールを辛口の白ワインで割ったもの。

キールロワイヤル

カシスのリキュールをシャンパンで割ったもの。

カンパリソーダ

その名のとおり、カンパリをソーダで割ったカクテル。

ミモザ

オレンジジュースにシャンパーニュを加えて軽くステアしたカクテル。

ジントニック

ジンをトニックウォーターで割ったもの。

スプリッツァ

白ワインをソーダで割ったカクテル。アルコール度が少なく、後口爽やか。

One Point

ミネラルウォーター

普通のミネラルウォーターと、自然発泡の炭酸系ミネラルウォーターの2種類があります。後者はフランスの「ペリエ」やイタリアの「サンペルグリーノ」が有名。

アドバイス

わからないときはお店の人に相談する

人気がある食前酒はシェリー、キール、カンパリなど。よくわからない場合はお店の人に自分好みの味を伝えましょう。食前酒はグラスで出される場合がほとんどですが、食前酒のときからワインやシャンパンで通してもかまいません。お酒に弱い人は、ミネラルウォーターやノンアルコールカクテルなどにしましょう。

ワインのテイスティング

フランス料理 洋 French cuisine

オーダーしたワインが運ばれてきたらテイスティングをします。ワインの保存状態をチェックするための儀式ですので、好みの味ではないからといって取り替えることはできません。

ワインが劣化していないかどうかを確認する

オーダーしたワインをソムリエか給仕の人が運んできたら、テイスティングをします。テイスティングは、古くはホストがゲストに対して毒入りでないことを示すための行為でしたが、現在では、保存状態をチェックするための儀式となっています。

たんにワインが劣化していないかどうかを確かめるためのものですから、テイスティングをした結果、自分の好みに合わないからという理由で取り替えることはできません。

テイスティングするときのポイント

テイスティングをするときは、①色、②香り、③味の順にチェックをしていきます。まず、グラスを少し奥に傾けて色を確認し、にごっていないかを確認します。

次に、テーブルの上で2〜3回グラスを回して空気を含ませ、持ち上げて香りを嗅ぎ、最後にワインをひとくち含んで味をみましょう。問題がなければ「美味しいです」「お願いします」などと言うか、ソムリエの顔を見て軽くうなずくようにします。

センスアップ
正しいグラスの持ち方

ワイングラスの脚の部分を持ちます。人差し指の第一関節をグラスの脚に当て、中指と薬指の先端と親指で軽く押さえるようにして持ちます。

これはNG

カップの部分を持つと、ワインが手の温度で温まってしまいます。

カップ部分の底を包むように持つのは誤り。これはブランデーグラスの持ち方です。

One Point
注いでもらうときはグラスを置いたままに

あらたまった席では、グラスにワインを注ぐのは、ソムリエかサービスマンの仕事。自分たちでグラスにワインを注ぐようなことはしません。カジュアルな席では自分たちで注いでもかまいませんが、ヨーロッパでは女性が注がず男性に任せます。

また、グラスは置いたままワインを注いでもらうのが正式です。ワインを注いでもらうときは、グラスを持ち上げたり、手を添えたりする必要はありません。お代わりを断るときは、グラスに軽く手をかざして会釈《えしゃく》しましょう。

テイスティングの流れ

テイスティングするときにも一通りの流れがあります。色や香り、味など、ワインの保存状態に問題がなければ、あまり深く考えず、気張らずにOKのサインを出しましょう。

Q&A

ワインはフルボトルでオーダーしなくてはいけませんか？

ワインはフルボトルでオーダーするのが基本。ただし、種類によっては350ml入りのハーフボトルや、グラスワイン（テーブルワイン、ハウスワイン）を用意している場合もありますので、飲みきれないと判断した場合は、こちらのほうにしたほうが無難でしょう。グラスワインは口当たりの軽いタイプで、値段もお手ごろ。気軽に楽しめるメリットがあります。

ボトルにワインが残ってしまったら？

「ワインを持ち帰りたいのですが」とウエイターに伝えましょう。恥ずかしがる必要はありません。ボトルをオーダーした時点でボトルごと買い取ったことになるので、気持ちよくボトルを包んでくれるはずです。

乾杯するときのマナーはありますか？

グラス同士を合わせるのは避けたほうがよいでしょう。グラスが破損するおそれもあります。乾杯するときはグラスを目線の高さに持ち上げ、同席者と目を合わせて軽く会釈する程度にしましょう。なお、ワインが飲めないからといって水のグラスで乾杯するのはタブー。これは「水杯」といい、二度と会えない別れのときの乾杯を意味します。

ワイングラスに口紅がついてしまったのですが……

ナプキンで直接グラスを拭くのはNG。目立たないように指でそっと拭い、指をナプキンで拭くようにしましょう。なによりも、グラスにべったりつくほど口紅をつけていかないようにすることが先決です。

1 【ラベルを確認する】

ソムリエがボトルを見せたら、オーダーしたものであるかどうかラベルを確認します。OKなら軽くうなずいて。

2 【色を見る】

グラスを手前から奥に少し傾けて光に透かし、色をチェックします。にごっているワインは何か問題がありますので、ソムリエに確認してみましょう。

3 【香りを嗅ぐ】

テーブルの上で2〜3回ワイングラスを回して空気を含ませ、グラスを持ち上げて鼻を近づけて香りを嗅ぎます。

4 【味をみる】

少量のワインを口に含み、舌の中で転がすようにして味を確かめます。過度の苦みや、舌を刺すような酸味がある場合にはソムリエに伝えましょう。OKなら「美味しいです」「お願いします」などと言い、ソムリエに伝えます。

メニューの読み方

フランス料理
洋
French cuisine

オーダーの仕方にはコースとアラカルトの2種類があります。どちらを選択するかは個々で勝手に決めるのではなく、同席者と相談のうえ、どちらかに統一するのがマナーです。

量も値段も手ごろなコース 自信のない人はこちらに

フランス料理店でのメニューには「コース」と「アラカルト」の2種類があります。

コースは店側が料理のバランスを考慮して前菜からデザートまであらかじめ組み合わせたもの。量や値段も手ごろなので、自分で料理を選ぶ自信がない人はコース料理が安心です。たいていは皿数や内容の異なるいくつかのコースが用意されているので、お腹のすき具合や好みに応じて選びましょう。

ヨーロッパにおける伝統的なフルコースは、前菜→スープ→魚料理→肉料理①→ソルベ(冷菓)→肉料理②→サラダ→デザート→フルーツ→コーヒーとプチフール(小さな菓子)という流れになります。食後にセレクトしたチーズを食べたり、食後酒を楽しむ場合もあります。

また、たいていはメインを肉か魚のどちらか一品にできるコースがあるので、ボリュームや好みを伝えて選ぶといいでしょう。

アラカルトは 一皿のボリュームに注意

一方、アラカルトはメニューから好きな料理を選んで組み合わせるもの。料理を自分好みのコース仕立てにしていく楽しさがありますが、コース料理に比べて一皿の量が多いので注意。コース感覚でオーダーすると、食べきれなくなることもあるので注意が必要です。

料理は2〜3品で充分です。デザートはメインを食べ終えたあとに、自分のお腹と相談して頼むようにしたほうが無難です。

なお、決まったなかからメニューを選べる「プリ・フィックス」というスタイルを取っているお店もあります。値段と皿数は決められており、それぞれ数種類のメニューから選べます。

Q&A メニュー表に値段が書かれていないのですが……

レストランによっては、値段を書いたメニュー表と値段を書いていないメニュー表の2種類を用意しているところがあります。その場合、前者はホスト側(招待した側)に渡され、後者はゲスト側(招かれた側)に渡されます。これは、「値段を気にすることなくゲストに食事を楽しんでほしい」という配慮から。間違っても「値段がないのですが……」などと言ったりしないこと。

アドバイス 食べきれないときは

コース料理などは一皿の分量が少なく見えても、時間をかけて食べるので意外とお腹にたまるもの。ふだんから小食な方や体調がよくないときなど、残さず食べるのが大変な場合もあります。そんなときは、遠慮なく座席の担当者に「量は少なめに」と伝えておきましょう。これはマナー違反でもなんでもありません。残すことを心配せずに料理を楽しめます。

メニューの読み方をマスター

フランス語で書かれたメニューを渡されるとつい身構えてしまうもの。
でも、基本的な単語さえおさえておけば大丈夫。どんな料理か想像がつけば、あとは楽しみに待つだけです。

オードブル＝前菜。Entree（アントレ）と表記する場合もあります。食欲を増進させるため、塩味や酸味の効いたやわらかい料理が出されます。

スープ。Potagesと書かれている場合もあります。

魚料理のこと。ポワソン＝魚の意味。肉料理に比べて消化しやすいので先に出されます。

ヴィオンド＝肉。豚・牛・羊などを使った肉料理で、コースのメイン。

シェフのおすすめ料理。ほとんどの場合、旬の食材を使ったものが出されます。

フロマージュ＝チーズ。通常、コースには含まれないので、食べたいときはスタッフにオーダーを。

デザート。フランス語読みではデセールとなります。Entremets（アントルメ）と書かれている場合も。

基準となるフルコースの流れ

①オードブル（前菜）⬅②サラダ⬅③スープ⬅④パン⬅⑤魚料理⬅⑥グラニテ（口直しのシャーベット）⬅⑦肉料理⬅⑧デザート⬅⑨フルーツ⬅⑩コーヒー⬅⑪プチフール（一番最後に出される小さな焼き菓子やチョコレート）

オーダーのしかた

フランス料理 洋 French cuisine

ここではアラカルトを中心に話を進めます。皿数は同席者と合わせ、まずはメインを肉にするか魚にするかを決めて、そのあと前後料理を決めていくとよいでしょう。

コースかアラカルトのどちらかに統一する

料理をオーダーするときは、同席者と相談して、コースかアラカルトのどちらかに統一しましょう。

というのも、コースは皿数が多く、すべて出るまでに1時間前後かかることもあります。一方で、アラカルトは一皿の分量が多いため皿数が少なくなりがちなため、アラカルトをオーダーした人は、次の料理が出てくるまでの時間があきすぎて手持ち無沙汰になってしまうからです。

料理の皿数を揃えて食べるペースを合わせる

また、たとえ同じアラカルトにしたとしても、ひとりだけ皿数を多く注文したりするのは避けたいものです。レストランでは、誰かひとりでも食べていれば、その人が食べ終わるまで次の料理を出さないのが決まり。よぶんに頼んだ1皿のせいで同席者を待たせてしまうことになります。

料理を決めたら、通常、ワインリストからワインを選びます。ワインは、料理との相性を考えて選ぶのが基本。よくわからない場合は無理をせずに、ソムリエやお店の人に相談しましょう。

ワインの値段はピンからキリまでさまざまです。お財布が許せば高級ワインを飲んでみることも、いい経験になるでしょう。

デザートのオーダーはメインを食べ終えたあとに

デザートのオーダーは食事のあとにしたほうが無難。はじめにデザートをオーダーしたものの、出されるころにはお腹がいっぱい、などということもあるからです。

レストランによってはメイン後に出すデザートメニューを用意しているところもあります。

Column 地方別フランス料理あれこれ

各地の郷土料理の集合体をパリで洗練させたフランスのメニューには、地方の名をつけた郷土料理が数多くあります。
たとえば、メニューでよく目にする「アラ(a la)〜」という言葉は「〜風」という意味で、「アラ・ブルギニョン(a la Bourguignon)」といえばブルゴーニュ風、「アラ・ノルマンド(a la Normande)」といえばノルマンディー風、といった具合になります。
私たちになじみのある料理でいうと、数種類の魚介をトマトで煮るブイヤベースは、地中海に面したプロバンス地方の料理で、牛肉の赤ワイン煮やエスカルゴは、家畜の飼育が盛んな内陸部の料理。クレープは、もともとはそば粉で作るブルターニュ地方の菓子、ガレットから生まれたものです。

アラカルトのオーダーのコツ

メインに何を食べたいかを基本に他の料理を考えます。
決まりはありませんので、味付けや素材の異なるものなどを上手に組み合わせ、いろんな料理を楽しみましょう。

① まず、メイン料理を考えます。肉か魚かを決めましょう。

② 次に調理法を決めます。大きく分けて①ソースのかかった料理、②煮込み料理、③ローストした料理の3つに分かれますので、食べたい食材に複数のメニューがある場合は、いずれかに決めましょう。

③ メインが決定したら、前菜を選びます。特にルールはありませんが、濃厚な味つけのメインを頼む場合は、前菜をさっぱりしたものにするなど、味つけや食材、調理法などがメインと重ならないように選ぶほうがバランスが取れます。

Q&A 何をたのめばいいのかわからないときは？

何をたのんだらいいのかわからない、あるいは目うつりして決めかねる……そんなときは、レストランの人に、本日のおすすめを聞いてみましょう。レストランでは、たいていメニューにはない旬の素材を使った料理や、その日でないと味わえない料理などを用意しています。お店側としても、レストランの特色を出せるおすすめ料理を、ぜひ味わってほしいはず。どんなお酒をあわせればいいのかなど、喜んで説明してくれます。

topics
知って得するフランス料理用語

グリエ
網やグリルパンで直火焼きしたもので、「グリル」と表記する場合も。グリエしたものは余分な脂肪分が落ちてさっぱりとした仕上がりに。

コンフィ
肉を塩漬けにして脂とともに低温でじっくりと加熱したもの。果物の場合は砂糖漬け、野菜の場合は酢漬けを加熱します。

ソテー
フライパンなどで炒めたもの。

ファルシー
ひき肉や野菜のみじん切りなどの詰め物を詰めて調理したもの。

フリカッセ
軽く炒め、白ワインやクリーム入りのソースで軽く煮込んだ料理。

ブレゼ
肉や魚を密閉できるフタつきの鍋に入れ、オーブンで蒸し煮にした料理。

ポシェ
だし汁や湯の中で沸騰しない程度の低い温度でゆっくり加熱すること。

ポワレ
フライパンで油やバターを使って焼くこと。主に魚によく用いられる調理法。

マリネ
酢につけたものが有名ですが、つけ汁に漬けたもの全般をいいます。

ラグー
煮込みのこと。

ロティ
英語では「ロースト」。肉や魚の大きなかたまりをオーブンなどであぶり焼きにしたもの。

フランベ
お酒をかけて炎で調理するもの。

テーブルセッティングの基本

結婚披露宴などで、目の前に並んでいる食器類に身構えてしまうことがありますが、外側から使っていくという原則さえ知っておけば大丈夫。グラスやプレートの選択も、お店側に任せておけば大丈夫です。

フランス料理
洋
French cuisine

料理ごとに目的の異なるシルバーが用意される

ナイフやフォーク、スプーンなどの銀器は通常、料理が替わるたびにそのつど交換されます。ですから目の前に並べられたものをそのまま使えば、基本的には間違いはありません。

これはコース料理でもアラカルトでも同様（オードブルが数品出る場合など、ひと組のナイフとフォークを使い続けることもあります）。

ただし、結婚披露宴などの場合やレストランによっては、左ページの写真のようにナイフやフォークがずらりと並んでいることも、どう使ってよいのか悩むところですが、料理が運ばれてきた順番にそって「外側」から使っていくようにします。

なお、セットする際は右側にナイフ、左側にフォークが置かれますが、皿の右側に両方を置くレストランもあります。

シルバーの種類は大きく分けて4セット

シルバーの種類は、大分してオードブル、魚用、肉用、デザート用の4セットを覚えておけばよいでしょう。スプーンはおもにスープ用とコーヒー用、デザート用。料理によってはオードブル用や魚料理などにソーススプーンがつくこともあります。

外観上のおもな違いは大きさや長さですが、魚用と肉用など、目的によってナイフの形状が異なる場合もあります。

One Point グラスの種類

テーブルにセットされているグラスの用途は、店によって多少の違いはありますが、一番大きいものが水用、次に大きいものが赤ワイン用、その次が白ワインとするのが一般的。ワインのテイスティング専用のコニサーグラスを使う店もあります。

シャンパングラスは平型とフルート型の2種類。平型は結婚披露宴などでよく目にする形です。フルート型は、主にヨーロッパで愛用されている形です。

そのほかバルーン型のブランデーグラスや、ビアグラス、カクテル用グラスなどもあり、お酒の種類によって形もさまざま。グラス類は繊細で割れやすいので、扱いには注意しましょう。

フォーマルなテーブルセッティング

結婚披露宴などでよく目にするセッティング。何をどう使えばよいか迷うところですが、外側から使っていくという原則を守れば大丈夫。

フォーマルとインフォーマル

シルバーの並べ方にもフォーマルとインフォーマルがあります。上記に紹介したフォーマルなセッティングに対し、インフォーマルなセッティングはシルバーやプレートの数が簡素になります。

インフォーマルなテーブルセッティング
写真右より、スープスプーン、デザートスプーン、ディナーナイフ。ナプキンをはさんで、ディナーフォーク、オードブルやサラダ用フォーク、サラダプレート。

洋 French cuisine

ナイフ・フォーク・スプーンの使い方

洋食マナーの要となるのがナイフとフォーク、スプーンの使い方。「食べやすい持ち方」が「正しい持ち方」なのです。

フォークの持ち方

左手の人差し指をフォークの背にのせて持ちます。柔らかいものを押さえるときは人差し指と親指で絵の付け根を握り、残りの指を添える持ち方でも使いやすい。

ナイフの持ち方

右手の人差し指を伸ばし、ナイフの刃と柄の境目あたりにのせて持ちます。

右手でフォークを持つ

豆などフォークで刺しにくいものを食べるときは、スプーンのように持ち、すくって食べてもよいでしょう。これは左手でも右手でもかまいません。

魚用スプーンの使い方

魚料理専用のスプーンで、使い方はスプーンと同じ。料理を切るときはナイフと同じように持ちます。フォークを使って料理をのせ、口まで運んでもOK。

スプーンの持ち方

スプーンを持つのは右手が基本。安定させたい場合は柄の先を手のひらで固定し、人差し指と親指で握っても。

一番外側のフォークとナイフを手に取って食べ始めます。
カットしながら食べる料理は、左手にフォークを、右手にナイフを持ち、左からひとくち分ずつ切りながら口に運びます。
一度にすべて切ってから食べるのはマナー違反。料理のおいしさを逃がしてしまうことにもなります。

食事終了のサイン

フランス式

刃先を内側に向け、柄を3時の方向に置きます。

その他の国

刃先を内側に向け、柄を5時の方向に置きます。

食事中のサイン

イギリス式

テーブルに柄が触れないように、皿の上に置き、フォークを下向きにして交差させます。

フランス式

ナイフとフォークの先端を皿の縁にかけ、柄をテーブルの上に置きます。

One Point

ナイフレストの使い方

オードブルが数品続く場合やカジュアルなレストランではひと組のナイフとフォークを使い続ける場合があります。そんなとき、次の料理がくるまでの間、ナイフとフォークはナイフレスト（フォークレスト）に置いておきます。

ナイフレストがない場合は、フォークを上向きに、そのフォークの歯にナイフの刃の部分をのせて置いておきます。

ナイフの刃を内側に向けて右に、フォークを左に置く

ナプキンの使い方

正式な洋食レストランで欠かせないのがナプキンの存在。
あまり神経質になる必要はありませんが、必ず守りたい最低限のマナーはあります。

ナプキンは二つ折りにして膝の上に

輪（折り山）を手前に置くのが基本です。輪を手前に置いたときは、反対側の表面で拭くようにし、汚れた部分は内側に折り込んでおきましょう。輪を膝側に置いたときは、反対側の内面を使います。

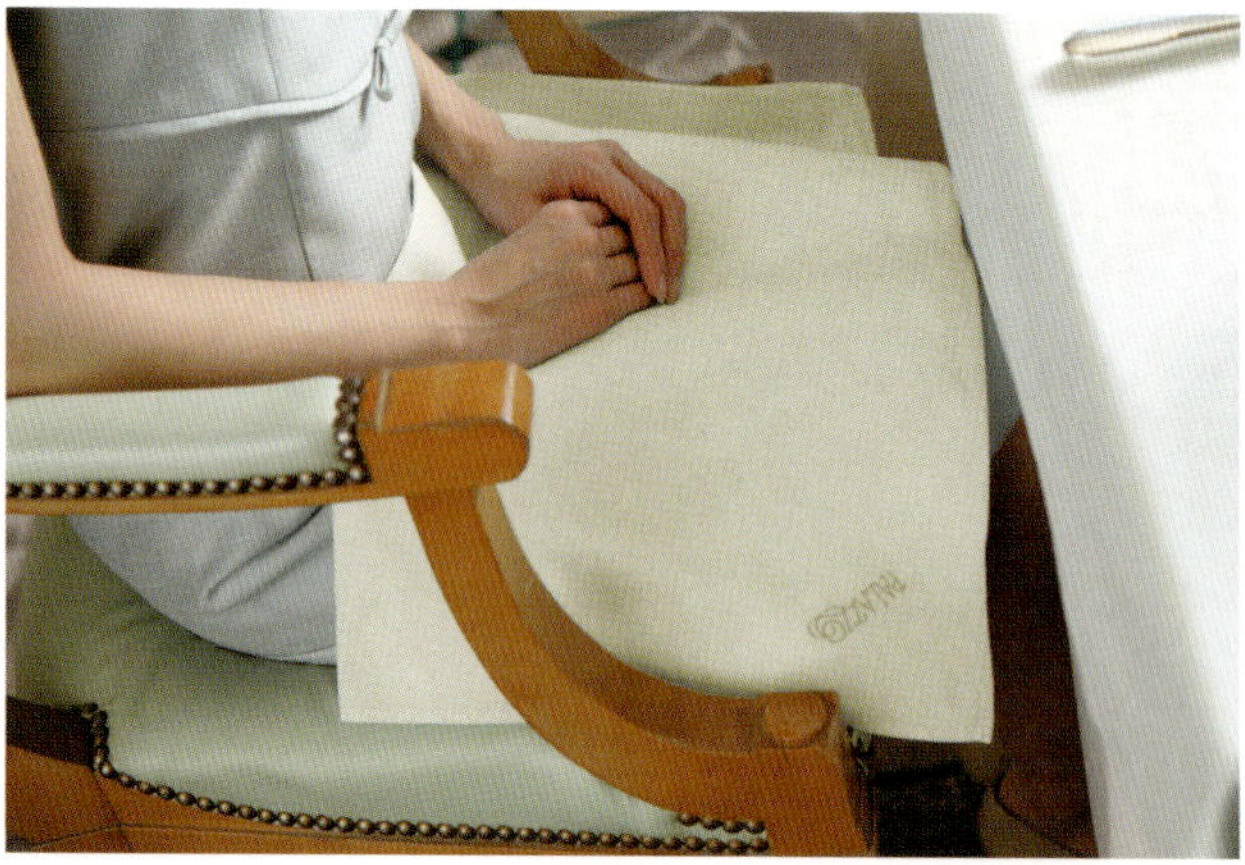

中座するとき

ナプキンを軽くたたみ、座っていた椅子の上に置きます。

口元のぬぐい方

ナプキンの端を引き上げてぬぐいます。口元をぬぐう以外にも、魚の骨や果物の種を口から出すときに、口元を隠すのに使いましょう。

食事を終えたら

ナプキンを軽くたたみ、テーブルの上に置きます。きっちりたたんだり、しわくちゃにして丸めたりしないこと。

自分のハンカチやティッシュは使わない

ナプキンは、料理を頼んだあとに広げます。

フォーマル・ディナーの場合は、ホストがナプキンを取り上げたあとに続くのがルール。結婚披露宴などでは、乾杯のあとに広げたほうがよいでしょう。

ナプキンは二つ折りにして膝の上にのせます。輪の部分は手前にくるように置くのが基本です。

口元や指をぬぐうときは、汚れた部分が人目にふれないようにナプキンの内側を使います。

ナプキンは汚してもいいものですから、自分のハンカチやティッシュペーパーを取り出して使うのはマナー違反です。

食事を終えて帰るときは、ナプキンを軽くたたんでテーブルの上に置きましょう。

このとき、きっちりたたんでしまうと「料理が気に入らなかった」というサインになってしまうので気をつけましょう。

NG集　ナプキンの使い方NG集

グラスを拭く

グラスにべったりとついた口紅は見苦しいものですが、ナプキンで拭くのはNG。食事の前に口紅をティッシュオフしておきましょう。

口元をごしごし拭く

ナプキンでやさしく押さえるようにして口元はぬぐいます。ごしごし拭く行為には品がなく、メイク崩れの原因にも。

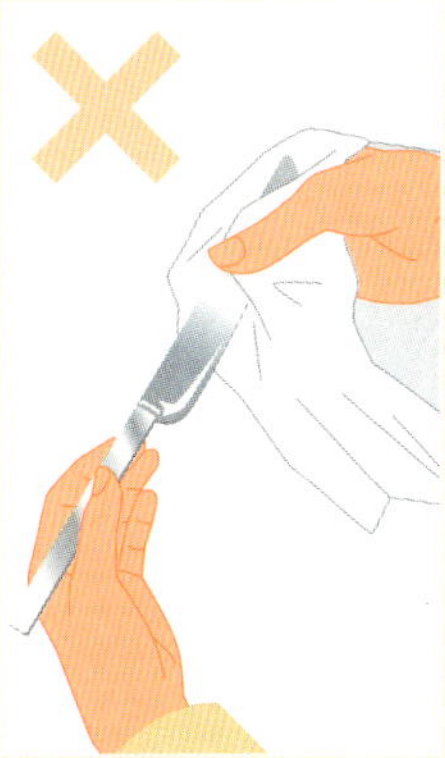

ナイフやフォーク、テーブルを拭く

ナプキンは口元と指先をぬぐうもの。ナイフやフォークなどが汚れてしまったらスタッフに伝えましょう。汗をふくのは言語道断です。

自分のハンカチを使う

ナプキンを使わず、自分のハンカチを使うことは「このナプキンは汚くて使えません」という意思表示に。絶対に避けて。

ナプキンをきちんとたたむ

きっちりたたむと「料理に満足しなかった」という意味になってしまいます。ざっとたたむ程度にとどめましょう。

衿からナプキンをかける

胸元にはさみ込むのはかまいません。ルール上OKですが、日本ではほとんどいないので、かけないほうが無難です。

NG集　洋食のマナーNG集

気づかずにしてしまった行為が実はNGマナーだった…
格式の高いレストランでうっかり恥をかかないように、ここで最終チェックを。

ナイフとフォークを持って卓上で上に向ける

料理を口に運ぶとき以外は、刃のほうを上に向けてはいけません。常に柄が上になるように気を配って

フォークに刺したものを大きいままかじる

大きいままフォークに刺し、かじって食べたりしないように。一回で口に入れられる分ずつ切って食べるのが基本です。

ナイフについたソースをなめる

品を疑われる行為です。

ナイフとフォークを振り回す

話に夢中だからといって、ナイフとフォークは振り回さないで。ボディランゲージも控えめに。

食事中、テーブルにひじをつく

食事中はテーブルにひじをついてはいけません。食後のコーヒーのときなど、ゆっくりくつろげるときになったらOKです。

お皿ごと取り替える

相手とお皿ごと取り替えるのは禁物。シェアしたいときは注文時にその旨を伝え、あらかじめ取り分けてもらいうか、取り分け用のお皿にもらって、相手に。

落としたナイフやフォークを自分で拾う

店のスタッフが拾ってくれます。スタッフを呼ぶときは、こちらを見たときに目を合わせて軽くうなずくか、そっと手を挙げて合図しましょう。それでも気づいてもらえなかったら、「おそれ入ります」と声をかけて。

出されたお皿から苦手なものを抜いてもらう

苦手なものがある場合は、注文する前にウエイターに相談しておきましょう。

イタリア料理の基本マナー

大らかな国民性を反映してか、気軽なマナーのイメージが。トラットリア（家庭的なレストラン）までは気楽でもいいけど、リストランテ（レストラン）になればマナーにも注意を払って。

お腹の具合を見て フレキシブルにオーダー

正式なイタリア料理のコースは、現在のフランス料理の基礎となったものです。ナイフとフォークを使って食べますが、フランス料理とほぼ同じ食べ方といっていいでしょう。

フルコースは、アンティパスト（前菜）から始まり、プリモ・ピアット（第一の皿、パスタなど）、セコンド・ピアット（第二の皿、メイン料理）と続き、チーズ、デザート、コーヒーで締めくくるのが一般的。アラカルトの場合は、上から順にオーダーしていけば、途中を頼まなくてもかまいません。

アンティパストとセコンド・ピアットだけ頼んだり、プリモ・ピアットまで頼んでおいて、あとで追加してもよいでしょう。お腹と相談してフレキシブルにオーダーできるのが魅力です。

レストランの格には 気をつけて

カジュアルに楽しめる印象のイタリアンレストランも、格によってはフレンチ同様、細かいマナーを要求されます。

トラットリア（家庭的なレストラン）ではまだしも、リストランテ（レストラン）とあれば、エレガントに食べる必要があります。

また、料理と同様、イタリアワインも楽しみのひとつ。わからないときはソムリエやお店の人に相談すれば、料理に合ったものを勧めてくれます。

その他、オリーブオイルの活用が多いのも、イタリア料理の特徴。あらゆる料理に使われ、バター代わりにパンにつけたりもします。

ちなみに、パンにオリーブオイルをつけるときは、ひとくちずつパンをちぎってオイルにつけ、口に運ぶようにします。

Column 地方別イタリア料理の特徴

【北部】

●トリノ（ピエモンテ州）
米、野菜、乳製品、白トリュフを使った料理がメイン。

●ミラノ（ロンバルディア州）
パスタのほか、米、サラミ、ゴルゴンゾーラが有名。

●ヴェネチア（ヴェネト州）
近海でとれる魚介類を使った料理がメイン。

【中部】

●パルマ（エミリア・ロマーニャ州）
生ハムとパルメザンチーズの本場。ミートソース発祥の地。

●フィレンツェ（トスカーナ州）
丘陵地帯ならではの旬の恵み、おいしい肉を生かした料理。

●ローマ（ラツィオ州）
パスタ類と肉料理が有名。

【南部】

●ナポリ（カンパーニア州）
トマトソースをベースとしたパスタとピッツァが有名。

●パレルモ（シチリア州）
魚介、オリーブ、なす、トマトを使ったシンプルな味つけ。

基本的なコースのメニュー例

前菜にはじまり第一の皿（パスタなど）、第二の皿（肉や魚）と続きます。パスタやピッツァなどおなじみの料理も前菜扱い？の楽しさがイタリアンの魅力といっていいでしょう。

プリモ・ピアット
スープやパスタ、リゾットのほか、ピザやニョッキなどがここに含まれる店も。

アンティパスト
前菜の盛り合わせのほか、牛肉のカルパッチョ、あさりの白ワイン蒸し、野菜のトマト煮など。

ワイン
白はビアンコ
赤はロッソ。

パン
イタリア料理の主食はパン。オリーブオイルやバルサミコ酢の入ったお皿が出たら、つけて食べてよい。

セコンド・ピアット
肉料理か魚料理から1品選びます。仔牛と生ハムのソテー、すずきのグリル、サルティンボッカなど。

One Point

メニューを見るときに役立つ用語

- Antipasti＝前菜
- Primi piatti＝第一の皿
- Secondi piatti＝第二の皿
- Pieranze＝メインディッシュ。第二の皿と同義の場合も
- Bianco＝白ワイン
- Rosso＝赤ワイン
- Dolci＝デザート
- Planzo＝ランチ
- Corso＝コース料理

一般的なコースの流れ

①アンティパスト（前菜）
↓
②プリモ・ピアット（第一の皿）
↓
③セコンド・ピアット（第二の皿）
↓
④フォルマッジョ（チーズ）
↓
⑤ドルチェ（デザート）
↓
⑥コーヒー

ドルチェ
ティラミスやパンナコッタ、ジェラートのほか、いちじくのコンポートなど果物を使ったデザートも。

コーヒー
エスプレッソが一般的。

優雅に食べるコース料理

ここではコースの順を追って、フレンチ&イタリアンのおもな料理の食べ方を紹介していきます。

オードブル

お腹をウォーミングアップするための軽い料理です。前菜の前にアミューズ・グールという突き出しが出されることもあります。材料がメインと重なることもあるので、注意してメニューを選びます。

カナッペ

カナッペは手を使って食べてかまいません。ひとくちサイズになっていますが、大きすぎる場合はナイフとフォークで小さく切ってからいただきます。小魚のフライのような小さなおつまみも手でOK。

ゼリー寄せ

左端からひとくち大に切りながら食べます。ゼリーと具を一緒に切らないとバラバラになってしまい、ゼリーが刺しづらくなるので注意して。サラダ菜が添えられていたら、サラダ菜に巻いて食べてかまいません。

テリーヌ

左端からひとくち大に切り、フォークで口に運びます。
薄切りにしたバゲットやトーストが添えられていたら、ナイフでテリーヌをつけ、手で持っていただきます。

キャビア

ガラスのボールや皿に冷やされて出されます。取り分け用のスプーンで自分の皿に運びます。トーストやクラッカーなどつけ合わせがあれば、ナイフでのせて。そのままであればスプーンで食べます。

One Point

レモン汁はキャビアの旨みが損なわれるので、かけないようにしましょう。

クラッカーが添えられている場合は、キャビアをのせ、クラッカーと一緒にいただきます。

Column 世界三大珍味について

世界三大珍味のキャビア、フォアグラ、トリュフのそれぞれの特徴をみてみましょう。

キャビア

チョウザメの卵の塩漬けで、主な産地はロシア。粒の大きさや色、味によりランクが決まり、大きい順に「ベルーガ」「セブルーガ」「オシェトラ」と呼ばれます。

フォアグラ

ガチョウにとうもろこしなどの飼料を大量に与え、肝臓に脂肪をつけさせたもの。フランスの代表的な料理で、ソテーして食べるのが一般的。フォアグラをステーキにのせて食べる料理は「ロッシーニ風」と呼ばれます。

トリュフ

独特の香りがある塊状のきのこで、「黒いダイヤ」と呼ばれ珍重されています。卵や鶏料理に組み合わせて使ったり、サラダの上から香りづけに散らします。白トリュフも限られた季節だけ楽しめる珍味です。

小えびの前菜

カクテルグラスに盛りつけたり、小えびは前菜によく登場します。

One Point

カクテルグラスに盛りつけてある場合

立食パーティでよく目にする盛りつけ方です。グラスを左手で持ち、右手のフォークで小えびを刺して、グラスの中のソースをつけながらいただきます。

小えびをひとつナイフとフォークではさみ、皿の手前のほうに持ってきます。
ひとくち大に切ってフォークで刺し、グラスの中のソースにつけて食べます。

エスカルゴ

にんにくを効かせたバターソースが食欲をそそる、ブルゴーニュの郷土料理。専用のトングを添えて出されます。

トングでしっかりと殻をはさみ、フォークで身を回すように引き抜いて食べます。殻の巻きと同じ方向へ回すとスムーズに抜けます。残ったソースは皿にあけ、パンにひたしていただきましょう。

1 左手で殻を押さえながら、専用のピック(フォーク)を貝柱のところに差し入れ、手前にしごくようにして殻から身をはずします。

2 フォークで身をすくい取って口に運びます。汁は、殻に口をつけて飲んでかまいません。

生ガキ
さまざまな栄養とミネラル類が含まれ、森のミルクと呼ばれる牡蠣。食べられるのは9月から4月までです。

センスアップ

フィンガーボウルの使い方

ナイフとフォークを使って食べるのが洋食の基本ですが、なかには手を使って食べる料理もあります。
フィンガーボウルはガラスや金属製の小さなボウルに水を入れたもので、指先の汚れを洗うためのもの。フィンガーボウルが出されたら「この料理は手で食べてもかまいません」というサインになります。中にスライスしたレモンが入っている場合もありますが、これは匂い消しや殺菌のためのものです。

料理を食べ終えたら、お皿を脇に寄せ、フィンガーボウルを自分の正面に置きます。そして、片手ずつ、指の第二関節ほどまでつけて洗います。両手をいっぺんに入れたり、水を飲んだりするのはNG。指先を洗い終わったら、ナプキンで拭きましょう。

サラダ

野菜のみのシンプルなサラダから、魚介や肉が入った豪華なものまでさまざま。後者はオードブルの項目に入っている場合も。

One Point

大皿に盛られたサラダの取り分け方

取り分け用のサーバーを使って自分の皿に取ります。サーバーは右手にスプーンを、左手にフォークを持つのが取りやすいでしょう。スプーンでサラダをすくい、フォークの背か腹ではさんで皿ぶ方法もあります。

ドレッシングのかけ方

ドレッシングはポットの場合、軽くかき混ぜてからレードルですくってかけましょう。まず1〜2杯かけ、足りなければ追加するようにします。ボトルの場合は、よく振ってから栓に伝わせながら回しかけます。

これはNG

サラダをカットするときは取り分け皿で

ガラスのサラダボウルの中にナイフを入れて切りながら食べるのはやめましょう。ガラスが割れてしまう可能性があります。

深さのある皿やボウルに大きな野菜が盛って出された場合は、取り分け用の皿に移してナイフとフォークでカットしたり小さく折りたたんで食べますが、最近ではこうした手間がはぶけるよう、あらかじめ食べやすい大きさにカットされている場合がほとんど。
左手を皿に添え、右手にフォークを持って食べましょう。皿を持ち上げて食べるのはマナー違反です。

スープ

濃厚で不透明なポタージュ、薄く透明なコンソメに大別されます。スープから本格的な料理のスタートとなります。

音を立てずに、静かに食べましょう。すするのではなく、スプーンで口の中に流し込むようにするとスムーズです。

アドバイス 大きな具の食べ方

スープに大きな具が入っている場合、スプーンでひとくち大にカットして食べるようにします。

センスアップ

姿勢よくスープを飲むための安定感のあるスプーンの持ち方

スープをこぼしてはいけないと、つい前屈みになってしまいがちですが、これはみっともないので絶対避けたい姿勢。

不安なら下の写真のように柄を握るようにして持ち、下から人差し指で支えるようにすると、スプーンがぐらつかずに安定します。

スープのすくい方と食べ方

フランス式

奥から手前へすくうか、横からスプーンを入れてスープをすくいます。手首を曲げ、スプーンの先端を口に入れ、流し込むようにして飲みます。

イギリス式

手前から奥に向かってスープをすくいます。すくった状態のまま、スプーンの横を口につけて飲みます。

両手で取っ手を持ち上げ、口をつけて飲みます。片方にしか取っ手がないカップの場合は、右手で持ち、左手をカップの底に添えましょう。もちろんカップを置いたままスプーンですくって飲んでもOK。

ブイヨンカップでの飲み方

topics

下げてほしいときは…

スープを飲み終えたら、器の中にスプーンを横向きにして置いておきましょう。このとき、スプーンを裏返して置かないように注意。スプーンが不安定になり、ウイエターが下げるときにひっくり返ってガチャンと音を立ててしまったり、スープがはねる場合もあります。

また、スプーンをかぶせるように置くのは「このスープはまずかった」というサインにもなってしまいます。

One Point

クルトンやチーズニョッキでアクセントを

スープと一緒にクルトンやチーズニョッキが添えて出される場合があります。クルトン（浮き実）は初めからスープに入っている場合もありますが、小さな器に入れて出された場合は、添えられたスプーンでひとさじすくってスープの中へ。

チーズニョッキはスープの上で手で砕きながら入れるのが正式ですが、そのまま食べてもかまいません。

パイ包みのスープ

カップを覆っているパイの表面にナイフで横に切れ目を入れます。もしくは、パイの真ん中にスプーンを刺すようにして穴をあけても。

少しずつ穴の周りを崩すようにしてパイを中に落とし、スープとなじませて食べます。

パン

パンは主食ではなく、料理を引き立てるための脇役です。おかわり自由ですが、食べ過ぎには注意して。

ウエイターがバスケットに入れて配ってくれるのが一般的ですが、自分で取る場合は左側にセットされているパン皿にのせます。

One Point

パン皿がない場合

左側のテーブルクロスの上にじかに置いてかまいません。他の料理皿の上にのせたりしないようにしましょう。パンくずは、スタッフがダストパンという道具できれいにしてくれます。

パンは食べる際にひとくち大にちぎります。食べないほうのパンは、そのつどパン皿に戻しましょう。
バターを塗ったりオリーブオイルなどにつけて食べる場合も、ひとくち大にちぎって食べる分にだけつけるようにします。

これはNG

×パンをちぎらず、大きなままかじる

必ずひとくち大にちぎって食べましょう。

×ナイフとフォークでパンを切る

欧米では「パンにナイフを入れるとまずくなる」といわれています。バターナイフでパンを切るのもNG。

×パンを両手に持って食べる

ちぎったあと、食べないほうのパンはそのつどパン皿に戻すのがマナー。

×パンくずを手で拾う

テーブルクロスの上に散らばったパンくずを片付けるのはスタッフの役目です。

Q&A　パンはいつ食べ始めればよい？

最初からパンに手をつけてもかまいませんが、オードブルを食べ終え、スープが出されたあとのタイミングで食べ始めたほうが賢明です。
というのも、オードブルが出てくる前に食べてしまうと、ガツガツしていると思われたりお腹がいっぱいになってしまうことが多いからです。ただし、給仕の人から「温かいうちにどうぞ」と出されたら話は別。その場合も、最初に取るのは1個か2個くらいにしましょう。

魚料理

フォークに刺して食べるのが難しい、身のやわらかい魚などは、フォークの腹にのせて食べてもかまいません。

魚の身のはずし方

中央の中骨に沿って頭のほうから尾のほうに向かって切れ目を入れ、左からひとくち大に切りながら食べます。

ムニエル

魚用ナイフで、左側からひとくち大に切りながら食べていきます。魚用ナイフはどちらが刃なのか判別しにくいので、最初のセッティングのときに確認しておきましょう。

上身を食べ終えたら、中骨と下の身の間にナイフを入れて骨を浮かせ、下身と骨を離します。このとき、身の左側にフォークで押さえながら行なうとスムーズです。

アドバイス

レモンが添えられていたら

手で搾り入れてもよいのですが、フォークの先を使って搾ると、汁が飛び散ることなくかけられます。

また、輪切りのレモンが添えられていたら、魚の身の上にレモンをのせ、ナイフで軽く押さえながら魚に香りを移します。

写真のような魚料理の場合は、普通にナイフとフォークで食べてよいでしょう。ソースはスプーンを使って食べてかまいません。

殻つきのえび

殻つきのまま調理されたものは、まず、身を切り離します。フィンガーボウルが用意されますので、手を使ってもかまいません。

One Point

グラニテで口直し

魚料理が終わると「グラニテ」が出されます。グラニテは、果汁やリキュールなどで作った小さな氷菓子。ソルベ(シャーベット)よりも粒が大きくシャリシャリした食感で、甘さも控えめです。こってりとした肉料理を食べる前に、口の中をさっぱりさせる「口直し」の意味合いがあります。

これはNG

×えびを手で食べる

殻つきえびの身を外す際、フィンガーボウルが添えられているときは、遠慮なく手を使ってかまいませんが、外した身をそのまま手で食べるのはNG。身を皿の手前に取り出し、ナイフとフォークでひとくち大にカットして食べましょう。

×魚を裏返して食べる

骨付きの魚を食べるときにおかしがちなタブーです。魚は出されたときの位置のまま食べるのがマナーと心得て。

アドバイス

えびの身の取り方

頭をフォークで押さえ、尾の付け根にナイフで切り目を、そこから殻と身の間にナイフを入れていき、身を切り離します。

身をはずしたら皿の手前に置き、左から切り分けて食べます。

肉料理

欧米のレストランでは、肉の種類も調理法も実に多彩。肉はナイフの刃を斜めに当て、押すときに力を入れて下ろすときれいに切れます。

ステーキ

最初から全部切ってしまうのは誤りです。まず、ひと切れカットし、ひと切れが大きすぎる場合はフォークを差しかえ、ひとくち大に切って食べます。付け合わせは肉と交互に食べます。

骨つき肉

骨に沿ってナイフを入れ、肉を骨から外し、ひとくち分ずつカットしながら食べます。

topics

牛肉の部位

①ほほ肉
煮込み料理に使われる希少な部位。

②肩ロース
適度な脂肪と風味の良さが特徴。すきやき、しゃぶしゃぶなどに。

③リブロース
脂肪が入りやすいやわらかい部位。ローストビーフなどに。

④サーロイン
「サーロインステーキ」でおなじみのやわらかい部位。

⑤ヒレ（フィレ）
やわらかいが脂肪は少なめであっさりした味わい。

⑥ばら肉
脂肪が多く濃厚な旨みがある。部位によって肩ばら、ともばらなどと呼ばれる。

⑦もも
内もも、しんたまの2種類の部位に分けられる。大きな切り身で使う料理に向く。

⑧外もも
脂肪が少なく肉質は固め。煮込みやカツなどのほか、コンビーフの材料にも。

⑨ランプ肉
焼くのはもちろん、生でもおいしく食べられる高級肉。

⑩首肉
脂肪分がほとんどなく赤身の部分が多いので、スープの材料やひき肉に最適。

⑪すね
ゼラチン質の多い赤身の肉。煮込み料理に。

⑫テール
スープや煮込みによく使われる、コラーゲン豊富な部位。

右手で串を押さえ、左手に持ったフォークでひとつずつ外します。串が熱いときはナプキンを当てて。

ブロシェット

肉や魚介類、野菜などを串に刺し、焼いたり揚げたりしたもの。熱いうちに串を抜くのが最大のポイントです。

One Point

ステーキの焼き加減

レア

表面を軽く焼いたもの。中は温かいが生肉の状態で、切ると赤い肉汁が出る。

ミディアム・レア

ミディアムとレアの中間。半生焼きの状態。

ミディアム

表面をしっかり焼き、肉の真ん中がピンク色に近い状態。

ウェルダン

中心部までしっかり火が通った状態。さらに焼くと「ベリーウェルダン」に。

切り方は右ページの骨つき肉と同様、骨に沿ってナイフを入れます。

ローストチキン

一羽まるごと出された場合、切り分けるのは男性の役目。一番おいしいもも肉を女性に取り分けてあげましょう。

チーズ

西洋料理では、チーズはデザートと同じ感覚。デザート代わりに頼むか、メインとデザートの間に別途オーダーします。

あらかじめ盛り合わせになったものをオーダーする場合と、ウエイターが運んできた数種類のチーズから2〜3種類を選ぶ場合があります。ナイフでチーズをカットし、そのままパンやクラッカーにのせて食べます。

チーズの種類

White mold 白カビタイプ

表面が白いカビでおおわれ、熟成すると中がクリーム状になる口当たりまろやかなチーズ。カマンベールをはじめ、ブリー、モダン、ルフォンなどが有名。

Chevre シェブールタイプ

シェブールはフランス語で「山羊」。その名のとおり山羊の乳で作ったチーズで、独特の酸味と風味がある。ヴァランセ、クロタン、シヴレーなど。

Blue mold 青カビタイプ

香りと塩気が強く、ピリッとした酸味がある。独特のパンやクラッカーにつけて食べるのが一般的。ゴルゴンゾーラ、ロックフォールなど。

Washed ウォッシュタイプ

チーズの外側を清水や酒などで洗って熟成させたチーズ。表面はオレンジ色で固く、クセのある味。ポン・レヴェーク、マンステールなど。

Fresh フレッシュタイプ

熟成させていない白いチーズで、クリーミーな口当たり。クリームチーズはお菓子の材料にも使われる。シェーブル・フレ、フォンテーヌブローなど。

Hard & Semi hard ハード＆セミハードタイプ

長期保存を目的に作られた固めのチーズ。脂肪・水分が少なく濃厚な味。ゴーダ、チェダー、グリュイエールなどが有名。

デザート・フルーツ

パティシエの作る繊細な美しさも楽しみのひとつ。盛り合わせの場合は、味の薄いものから濃いものの順に食べ進めるとおいしくいただけます。

フルーツタルト

上のフルーツと、下のタルト生地は一緒に食べるのがマナー。下の生地が固いので、切る際に音を立ててしまわないよう注意。

ナイフをやや立てるようにすると切りやすくなります。

ミルフィーユ

パイとカスタードクリームを交互に重ねたもの。ナイフを入れたときに崩れてしまってもOKです。

ミルフィーユを横に寝かせて切ってもよいでしょう。

シュークリーム

ナイフとフォークが添えて出される場合もあります。クリームがはみ出てしまったら、はみ出たクリームをナイフですくい、シューにつけて食べます。

フォークで押さえ、ナイフで切りながら食べましょう。

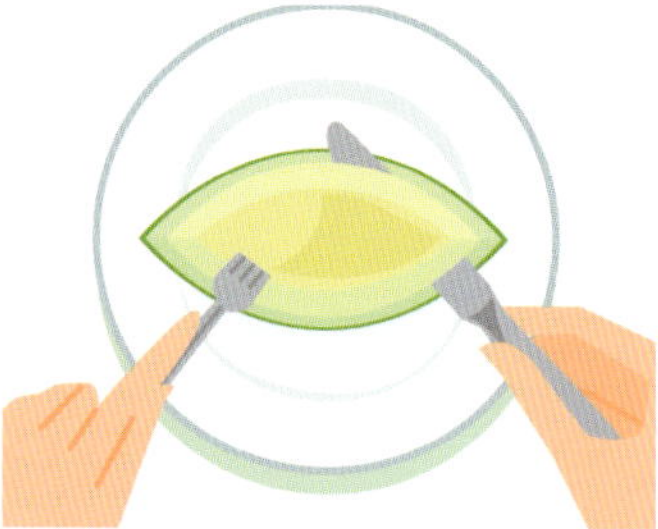

1 フォークで左端を押さえ、ナイフを右側の実と皮の間に入れ、皮に沿って左へ切っていきます。

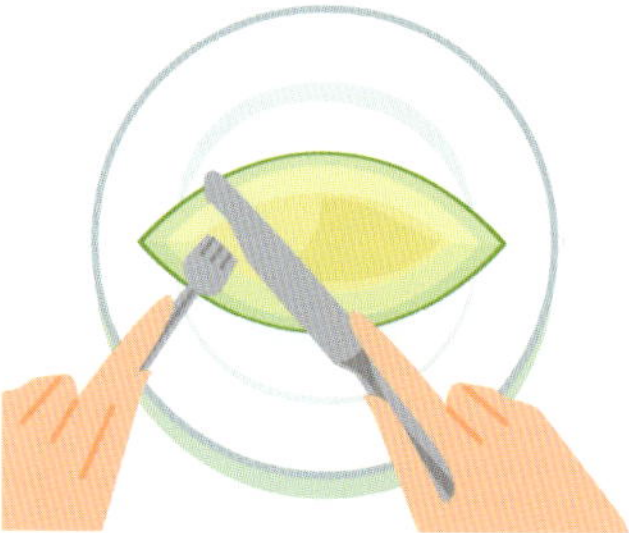

2 全部切らずにひとくちぶんだけ残すのがポイント。こうすることで、このあと、実をカットするときにぐらつかずに切れます。

メロン

デザートとして最も ポピュラーなフルーツ。あらかじめ実と皮の間に切り込みが入っている場合もあります。

ぶどう

巨峰のような大粒のぶどうは手で皮をむいて食べます。小粒のぶどうは一粒ずつ口に入れ、皮から実を吸い出すようにして食べましょう。

One Point
種の出し方

ぶどうやさくらんぼ、すいかなどの種を出すときは、手でこぶしを作ってその中に出し、小皿の端に置きます。

バナナ

ナイフで皮に切れ込みを入れ、左からひとくちずつカットしていきます。

コーヒー

スプーンをかき回すときは、器を傷つけないように静かに回して。
コーヒーが苦手な人は紅茶を頼んでもかまいません。

【カップの持ち方】

レギュラーカップ

指先を揃えて持ちます。小指は立てないように注意しましょう。

デミタスカップ

エスプレッソ用のカップで、レギュラーカップの半分ほどの大きさしかありません。取っ手も小さいので、指は通さず、人差し指、中指、薬指を揃えて持ったほうが美しく見えます。

砂糖の入れ方

砂糖をつまんでカップに落とすと飛び散ることがあるので、スプーンに載せて入れるとよいでしょう。なお、砂糖を入れてかき回したあとのスプーンは、しずくを軽くきって受け皿へ。置く位置はどこでもかまいませんが、カップの向こう側に置いたほうが邪魔になりません。シナモンスティックが出された場合も同様に。

これはNG

小指を立てない

カップを持つとき、つい小指を立ててしまうことはありませんか？ これは見苦しいので絶対にやめましょう。

Q&A

コーヒーが出たらナプキンははずしてよい？

ナプキンはデザートを食べ終えたらはずしてかまいませんが、うっかりコーヒーをこぼして、衣服を汚してしまっては意味がありません。
ナプキンは衣服を汚さないようにするためのものですので、心配ならつけたままにしておきましょう。

Column

しめくくりの小さなデザート「プチフール」

レストランによっては、食後のしめくくりにプチフールを出すところもあります。
プチフールとは、小さな焼き菓子やチョコレートのこと。コーヒーや紅茶と一緒に、手に持っていただきます。

パスタ

パスタやソースの種類、合わせる具によって
食べ方も変わってきます。
フォークを上手に使って食べましょう。

スパゲッティ

あまり上に高く持ち上げないこと。フォークに巻きつけるスパゲッティの量は、「ちょっと少ないかな」と感じるくらいがベストです。

フォークは垂直に立て、底にフォークの先端を当てて巻くと取りやすいでしょう。

アメリカではスプーンを使って食べてもよいとされています。スープが多いものなどはスプーンを使って食べてもいいでしょう。

Column パスタの種類

●ロングパスタ
麺タイプの長いパスタ。細いものはあっさり系のソース、太いものはこってりしたソースに合います。

スパゲティ
「長いひも」の意味を持つ、直径1.8ミリのパスタ。

リングイネ
スパゲッティより太く、断面が楕円形のパスタ。

カッペリーニ
「髪の毛」という意味の極細タイプのロングパスタ。

●ショートパスタ
いわゆるマカロニのこと。ソースを絡めるほか、サラダやスープなどにも応用できます。

ペンネ
両端を斜めに切ったショートパスタ。「ペンの先」の意味。

リガトーニ
筋が入ったマカロニより太いパスタ。細いものはリガティーニという。

フジッリ
らせん状になっているパスタで、フェスリ、エリーケなどとも呼ばれる。

ファルファッレ
「蝶々」の意味を持つ、リボンの形をした愛らしいマカロニ。

コンキリエ
貝殻の形をしたパスタ。大きいものには中にチーズを入れることも。

ラビオリ
ひき肉や野菜、チーズなどを詰めて閉じた正方形のパスタ。

●エッグパスタ
水の代わりに卵を加えたパスタのこと。麺タイプのものから板状になったものまでさまざま。

フェットチーネ
幅5〜8ミリ、日本のきしめんに似たエッグパスタの代表格。別名タリアテッレ。

タリオリーニ
フェットチーネよりやや細めのパスタ。スパゲッティやリングイネと同じように使う。

ラザニア
板状になった、やや厚めのパスタ。

ペスカトーレ

魚介類がびっしりとのったスパゲッティ。あさりやえびは殻に左手を添え、食べるぶんだけ1～2個ずつフォークで身を取ります。食べ終わった魚介の殻は、器の上のほうに寄せて置きます。

左手でしっかり押さえて、フォークで身を取ります。

フォークにのせにくいようだったら、刺して食べてもOK。

ペンネ

ひとくちぶんずつフォークにのせて食べましょう。ペンネがすべてフォークにのせるのが難しいときは、上から刺したり、穴に挿して食べてもかまいません。

topics

ソースの種類と主な材料

ポモドーロ	トマトソース・玉ねぎ。
アマトリチャーナ	トマトソース・ベーコン・玉ねぎ
プッタネスカ	トマトソース・オリーブ・アンチョビ・ケイパー
ペペロンチーノ	オリーブオイル・ニンニク・唐辛子
ボンゴレビアンコ	あさり・白ワイン・にんにく・オリーブオイル
ボンゴレロッソ	あさり・トマトソース
ジェノベーゼ	バジルソース（バジル・オリーブ、にんにく、松の実、オリーブオイル）
カルボナーラ	クリーム（卵・生クリーム・ベーコン・パルミジャーノ）
ボロネーゼ	ミートソース（玉ねぎ・ひき肉・トマト）

パスタ・ライス

ニョッキ

ひとくち分ずつフォークの腹にのせて食べます。すべってしまうときはフォークで刺して口に運びます。

ラザーニャ

フォークとナイフで食べやすい大きさに切り分けて食べます。

リゾット

リゾット(Risotto)は米(Riso)と最高(ottimo)を合わせた造語ともいわれています。雑炊とは異なるお米の食感や、さまざまな具を楽しみながらいただきましょう。

topics

イタリア料理店の呼び名の違いと特徴

● **リストランテ**
料理、サービスともにハイクラスな高級レストランのこと。基本的にピッツァは置いていない。

● **トラットリア**
リストランテほど高級ではないが、前菜からメインまで取り揃えている小規模な店。リストランテと同レベルの店も多い。

● **オステリア**
気取らずに楽しめるカジュアルな店のことだが、なかには高級店もある。ワインを豊富に取り揃えているところが多い。

● **タヴェルナ**
大衆食堂的な店。日本でいうところの「居酒屋」

● **ピッツェリア**
ピッツァ専門店。

● **スパゲッテリア**
スパゲティ専門店。

ピッツァ

すっかり日本に定着したピッツァ。

ピザ生地は、もちもちしたナポリ風と、薄焼きのミラノ風があります。

レストランで食べる場合は、ナイフとフォークを使って食べたほうがスマート。三角形に1カット切って皿の手前にずらし、ひとくちサイズに切ってフォークで口に運びます。

topics

ピッツァの種類

トマトソースは、ニンニクを効かせた「マリナーラソース」を使うのが基本。のせる具によって呼び名が変わります。

● マルゲリータ
マリナーラソース、モッツァレラチーズ、バジリコをのせたピッツァ。イタリア国旗をイメージさせる赤白緑の色合いが特徴的。

● ペスカトーレ
あさり、イカ、ムール貝など、地中海の魚介類をたっぷりのせたピッツァ。

● カプリチョーザ
ハム、きのこ、卵などさまざまな具をのせたピッツァ。「気まぐれ」という意味が表すとおり、のせる具はシェフ次第。

● ロマーナ
モッツァレラチーズではなく、リコッタチーズを使うのが特徴。具はアンチョビ、オリーブ、ケイパーなど。

One Point

カジュアルな場では

カジュアルな店では手で持って食べてもOK。持ち上げたときにチーズがのびてなかなか切れない場合は、フォークで切ってピザの先端に巻きつけるようにします。

皿に残った具やチーズは、フォークですくってもマナー違反にはなりません。

具が多くて落ちそうな場合は、両サイドをやや丸めるようにして持つとこぼれにくくなります。

切るときは反時計回りに

1カット食べ終えたら、反時計回りに1カットずつ切りながら食べます。

食事が終わったら

フランス料理 洋 French cuisine

食後酒を飲みながらの楽しい会話に、つい時間を忘れてしまいますが、主賓が「そろそろ…」と切り出したら帰る準備を。気持ちよく店をあとにするために、スマートな会計のしかたをマスターしましょう。

食後酒と一緒に余韻と会話を楽しむ

食事がすべて終わってしまったあとに、もう少し会話を楽しみたい……そんなときには、食後酒（ディジェスティフ）をオーダーしてみるのもよいでしょう。

食後酒は、食事中の緊張感を解きほぐし、楽しかったディナーの余韻《よいん》を味わうためのもの。食後酒をオーダーすることでレストランに気兼ねせずに会話できるという意味でもおすすめです。

食後酒は胃の血行をよくし、消化を助ける役目もありますが、アルコール度が高いものがあるので注意しましょう。

会計は席ですませるのが基本

会計はキャッシャーに行かず、テーブルですませるのが主流になってきました。サービスの人に「チェック（お会計）をお願いします」と伝えて伝票を持ってきてもらい、同席者から目立たないようにテーブルの下で支払うとスマートです。

ただし、ゲストを招いたときなどは、食事がすんだころにタイミングを見計らって席を立ち、支払いをすませましょう。ごちそうになる側は、キャッシャーの周りを避けること。支払っているところをのぞき込んだりするのはタブー。

帰りは主賓に続いて椅子の左側から立ち上がり、出口へ向かいましょう。男性と一緒の場合はレディファーストに則《のっと》り、女性が先、男性があととなります。

Q&A

割り勘で支払いたいときは？

あらあかじめ全員から予算額を集め、代表者がまとめて支払っておきましょう。差額が出たら、あとで精算するようにします。

どうしても個別に支払いたいときは、前もって「支払いは別々にしていただきたいのですが」と伝えておきましょう。

チップは必要ですか？

日本のレストランでは、料金にサービス料が含まれているのでチップは必要ありませんが、欧米のレストランでは、自分のテーブルを担当してくれたサービスの人にチップを渡すのがマナーです。

金額はTAX.の1.5倍が目安。食事を終え、席を立つときに現金を置くか、カード精算のときはTipの欄に額を記入します。

topics おすすめの食後酒

●ブランデー類

コニャック、アルマニャック、カルヴァドスなど。

●ワイン類

ポートワイン、貴腐ワイン、リキュールワインなど甘口のワイン。

●リキュール類

コアントロー、グランマニエなど。

●グラッパ

ワインを作った絞りかすを蒸留して作るイタリアのお酒。

その他、ダイキリやグラスホッパーなど。わからなければ店の人に尋ねましょう。

第2章 和食のマナー

お箸やお椀など、毎日のように接しているものだからこそ、
仕事やあらたまった席などで、失敗したくない和食のマナー。
繊細な料理を、ていねいに、そして美しく味わうようにしましょう。

身だしなみとふるまいのマナー

座敷で食事をするときは、正座することを念頭に置いて服装を選びましょう。同席者が不快感を覚えるような派手な格好や、料理の香りを損ねるきつい香水などは控えるのがマナーです。

正座することを考えて ゆったりしたスカートを

和室には「正座」がつきものですから、座りやすい服装が一番。ただし、座ったときにスカートが上がって、膝から上が見えすぎるものは避けること。丈はひざが隠れる程度かそれより長めにすると、周りを気にせず楽に座ることができます。

また、座敷には靴を脱いで上がるということも忘れずに。素足は避け、ストッキングを着用するようにしましょう。ストッキングは、伝線していないかどうか必ずチェックを。出かけるときに破れていなくても、お店に向かう途中で破れてしまうことも考えられるので、バッグに代えのストッキングを入れておくと安心です。

そのほか、意外と見落としがちなのが靴の内側の汚れ。外側の汚れ同様、普段からのお手入れを忘れずに。

指輪やブレスレットは 器を傷つける可能性も

アクセサリーは控えめなものにしましょう。特に指輪やブレスレットには要注意。器を手に持っていただく和食では、器に傷をつけてしまうことがあるからです。また、派手なマニキュアや強い香水も、繊細な器や料理の香りを楽しむ和食には不向きです。

ヘアスタイルはできるだけすっきりとまとめましょう。食べている最中に、顔の前に髪の毛が何度もかかるような髪型は、自分だけでなく同席した人にも不快感を与えてしまいます。

One Point

席次

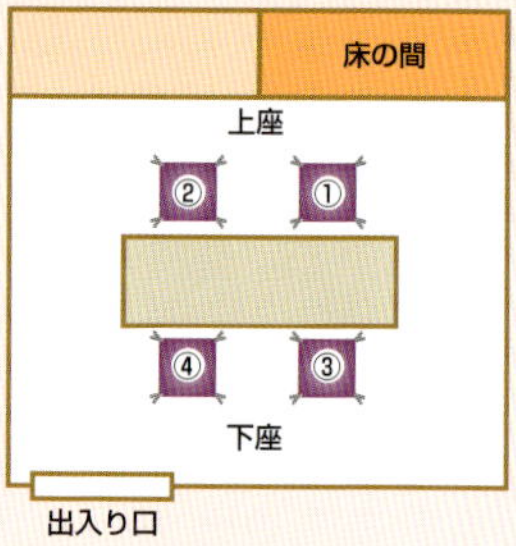

上座の条件

- 掛け軸がかかっているところ
- 床の間のある側
- 入り口から遠いところ
- 壁側
- 宴席の正面
- 庭や窓が見えるところ
- 正面に向かって右側

※原則として出入り口に近いところが下座

アドバイス

懐紙

和食をいただく際にあると便利なのが懐紙（詳しくはP74参照）。デパートの和風小物売り場などに売っていますので、前もって購入し、持参するとよいでしょう。

受け皿代わり、小骨や種を口から受けるとき、食べ残した料理を包むときなどに使える。

和室にふさわしい服装と身だしなみ

場の雰囲気に合った清潔感のある装いを心がけ、ゆったりと食事を楽しみましょう。靴を脱ぐので、ストッキングや靴下にも細やかな心配りを。

topics

和服の場合の注意点

和服の場合は、内輪の集まりのときは付け下げか小紋、会食やパーティなら訪問着か付け下げなどがふさわしいでしょう。
なお、車で行くときは、乗り降りの際に裾が乱れがちなので注意が必要。頭から乗り込むのではなく、最初に腰を折って座席に腰掛けてから足を入れるようにすると、きれいに見えます。

髪の毛
食べている最中に、前髪が顔にかからないように。ロングヘアなら一つにまとめるなど、すっきりしたヘアスタイルに。

アクセサリー
大ぶりなものは避け、控えめが基本。

服装
ひざ丈より下のスカートがベター。正座しやすい型や長さのものを選びましょう。ワンピースもおすすめ。

ストッキング
ストッキングは伝線していないかどうかをチェック。靴下は汚れが目立つので、できるだけきれいなものを。

靴
脱ぎ履きが簡単にできる靴を選ぶこと。脱ぎ履きに時間のかかる編み上げブーツなどは避けたほうが無難。汚れがないかどうかを前日までに確認しておくとよい。

同席者を考慮した服装を

服装の格調は、食事会の主旨や店の雰囲気などを考慮して、同席者やまわりの人たちと合わせるようにするのが基本です。会食や簡単なパーティなら、ワンピースかスーツがおすすめ。ひとりだけ浮いた格好にならないように気をつけましょう。

女性の洋服はデザインも色もさまざまですが、目上の方が同席する場合やあらたまった席では、いつもより控えめな服装を心がけて。胸元が大きくあいていたり、身体のラインがはっきり出るようなものは、洋服が気になって自分も食べづらいばかりか、年配の方などにはよい印象を与えないので注意。

これはNG

- 強い香水・整髪料
- 大ぶりな指輪やブレスレット
- ミニスカート
- 編み上げのブーツ

和室でのマナー ～入店から着席まで

日本人にとってなじみのある和室ですが、入室のマナーとなるとあいまいな知識のまま素通りしている人も多いのでは？　ここでしっかり復習しておきましょう。

正面のまま靴を脱ぎ背を向けずに靴を揃える

入店するときは、正面を向いたまま靴を脱ぎます。上がったあと、訪問先のほうに背を向けないように体を斜めにして膝をつき、靴の向きを直します。訪問先に背を向けるのはマナー違反とされていますので要注意。

目下の人が目上の人の靴を揃えるのが礼儀とされていますが、料亭などで係の人がいる場合は任せてかまいません。

ふすまの開け閉めは「座ったまま」がベター

ふすまの開閉は立ったままでもかまいませんが、座って行なうほうが美しく見えるもの。ふすまの正面に正座し、片手で少し開き、手を持ち変えて開ききります。

和室での美しい動作の基本は「背筋を伸ばすこと」です。ふすまを開けるときや、あいさつをするときなど、座った姿勢でもピンと背筋を伸ばすよう、意識的に心がけましょう。

上座・下座の確認をして自分にふさわしい席に

和室に入ったらすみやかに上座と下座の確認をし、招待された人は下座側の畳の上に正座し、あいさつをしてから席につくようにします。

席は、ホスト側にすすめられた席に座るのが基本ですが、とく指定されず判断に迷う場合は、下座に座るようにします。もし、着席後に上座に座るべき人が入室したら、静かに席を外しましょう。ただし、すでに食事が始まっている場合は席を移る必要はありません。

One Point

膝行とは

同席者の前でわずかな距離を立ったり座ったりするのが失礼なときは、地にひざをつけたまま進む「膝行《しっこう》」という方法があります。

両手を握って親指を立てるようにし、膝先の脇に置いて、体を支えながら膝先を少し浮かせて進みます。

これはNG

畳のへりや敷居を踏まない

和室では畳のへりや敷居を踏むのはタブーとされています。あいさつをするときや座るとき、また食事中に席を外すときなど「つい、うっかり」踏んでしまいがちなので気をつけて。

とはいえ、意識しすぎて動作が不自然になるのも考えもの。さりげなくマナーを守るように気を配りたいものです。

入店から入室までの流れ

**入店・入室するときにも決まったルールが存在します。
たとえ誰も見ていなくても気を抜かないで。**

【靴の揃え方】

履き物を脱いだら座敷側に背を向けないように体を斜めにして跪坐の姿勢（下記参照）になり、片方の手で靴を揃える。もう片方の手は膝の上に。

アドバイス

跪坐の姿勢で美しく

「跪坐《きざ》」とは、膝をついたまま足指を立て、かかとにお尻をのせる姿勢のこと。かかととつま先をきっちり揃えると腰が安定しやすくなり、立ったり座ったりの動作が楽になるうえ、背筋もピンと伸び、立ち居振る舞いが美しく見えるという利点も。

ふすまを開閉するときにもこの姿勢が大切なので、覚えておくと便利です。

【ふすまの開閉と入室】

ふすまの前に正座し、引き手に右手をかけて5cmほど開ける。使わないほうの手は膝の上に。

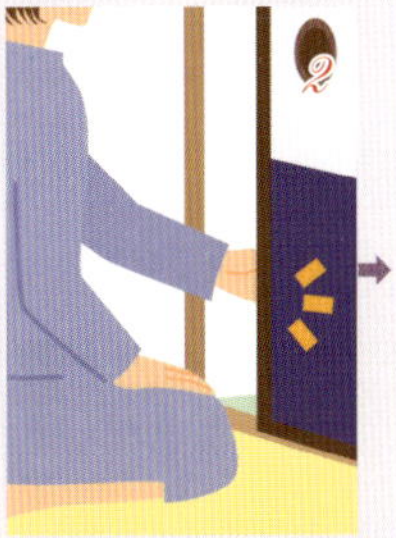

ふすまのふちに沿って床から15cmほどまで手を下ろし、体の中央まで開ける。

手をかえて、体が楽に通れるところまで開け、室内にいる人に両手をついて会釈。

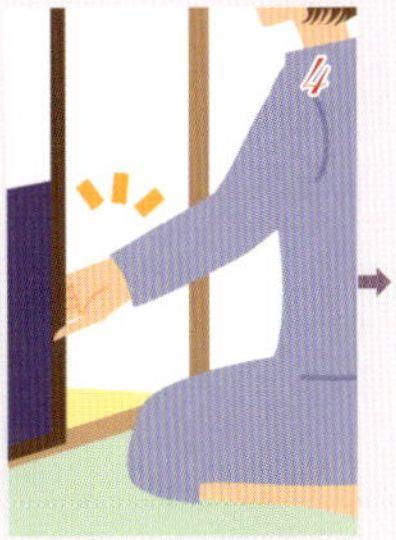

膝行（右ページ参照）して入室し、体の向きを変える。ふすまの下の部分を逆手にとり、体の中央まで閉める。

手をかえて、残り5cmほどのところまで閉める

再び反対の手にかえ、取っ手を押してふすまを最後まで閉める。

美しい姿勢と座り方をマスター

座礼をするときは、必ず座布団から下りるのが礼儀。ペコリと頭を下げるだけではおじぎしたことにはなりません。姿勢は正したまま、腰から上体を曲げて頭を下げるようにします。

和 Japanese cuisine

必ず座布団から下り、腰を折っておじぎをする

和室での基本姿勢は正座です。背を丸めたりせず、きちんと背筋を伸ばして座りましょう。あいさつは、座布団に座る前にするのが礼儀。

ホスト側から座布団をすすめられたら遠慮なく座ってかまいませんが、あいさつをするときは、必ず座布団から下りた状態で行ないます。

両手は膝の上に重ねて揃え、おじぎをするときには、手の指を揃えて畳につけます。腰を基点とし、背筋は伸ばしたまま上体を折って挨拶をするのがポイント。頭だけペコリと下げるのは失礼にあたりますので気をつけましょう。

必ず座布団から下り、腰を折っておじぎをする

正座は乾杯がすむまでくずさないこと。食事がスタートしたら女性なら横座りをしてもかまいません。ただし、このときも上半身はなるべく背筋を伸ばすようにしたいもの。

和装のときは脚を左右にずらし、たもとで脚を隠すようにします。

これはNG

×勝手に座布団に座る
すすめられてから座布団に座るようにする。

×座布団に座ったまま挨拶する
正式なあいさつのときは、座布団を下りてから。

×座布団を踏む
立ったり座ったりするときに踏んでしまいがちなので注意。

×座布団を自分のほうへ引き寄せる
あらかじめセットされた座布団を、勝手に動かさない。

×座布団を裏返す
自分の座布団を譲るときは、表面を軽くなでる。

Q&A

座敷でのバッグの置き場所は？

ハンドバッグは座卓の下に置くのが基本。料理がお膳の上にのって出される場合は、体の左側に置きます。会合に無関係な大きな荷物がある場合は、入室する前にお店に人に預けられるかどうかを尋ねてみましょう。

Column 足がしびれてしまったら

足のしびれを取るためには、血液の流れをよくすること。左右の足を、足首あたりで交差させてしばらくすると、徐々にしびれはやわらいできます。
立ち上がる場合は、よろけたりしないように足の親指にグッと力を入れて。しびれ予防には、ときどき足の親指を動かしたり、左右重ねている足を入れ替えながら正座するとよいでしょう。

座布団の座り方

座布団の上がり方や座礼のしかたには、細かいルールが決められています。これがスマートにできるようになれば、和室での振る舞いも一人前です。

【座礼のしかた】

手の指を揃え、膝の前で両手を「八」の字の形にし、手のひら全体を畳につけておじぎする。このとき、背筋は伸ばしたまま腰から上体を折る。頭を上げるときは、ゆっくりと上体を起こし、あとから手を上げる。

【正座の基本姿勢】

両足の親指が少し重なるように座り、背筋を伸ばして肩の力を抜く。女性は両方の膝を合わせ、男性は握りこぶし一つぶん程度に膝を開きます。

【座布団の上がり方】

座布団の下座側（左右にスペースがない場合は後ろ側）に座ります。

➡

軽く握った両手のこぶしを座布団につき、体を支えながら腰を浮かせ、膝を滑らせるようにして座布団にお尻をのせます。

【あいさつをするときは座布団から下りる】

和室では座布団に座ったままあいさつをするのはマナー違反。必ず座布団を下りて挨拶するようにしましょう。

美しい箸づかいの基本 ①

正しい箸づかいは、和食を食べる際の一番のポイントとなります。細かいルールがあって面倒だと思うかもしれませんが、実際に試してみればどれも理に適ったやり方だと気づくはずです。

和 Japanese cuisine

動かすときは下を固定させる

箸を持つ位置は、真ん中よりもやや上が目安。見た目にも美しく、食べ物がつかみやすくなります。

箸を持つときは上の箸を3本の指で持ち、下の箸を2本の指で支えます。動かすときは下の箸はしっかりと固定させ、上の箸のみを動かします。

箸の取り上げは「三手」で行なう

「三手」とは、右、左、右と、3ステップで持ち上げること。右手だけで取り上げたり、左手で取って右手で持ち直すなどは、間違った取り上げ方ですので注意しましょう。

箸を置くときは、これと逆の手順で置きます。

【箸の持ち方】

上の箸は人差し指と中指ではさみ、親指を添える。下の箸は、薬指と親指の付け根で固定。上側の箸だけを動かして食べ物をはさむ。

【箸の取り上げ方】

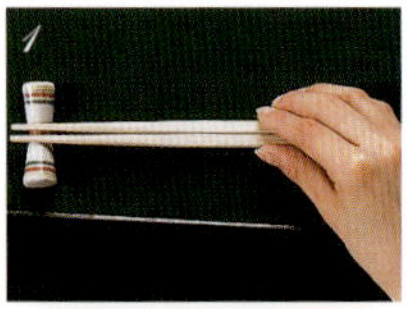

1 右手の親指、人差し指、中指の3本で、箸の中央を持つ。

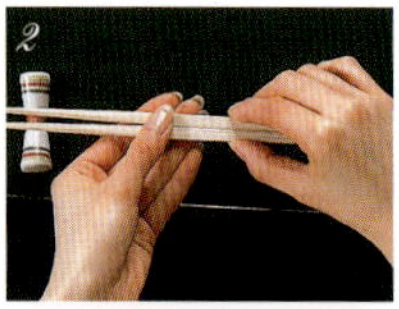

2 左手を下から添え、右手を箸に沿って右に移動する。

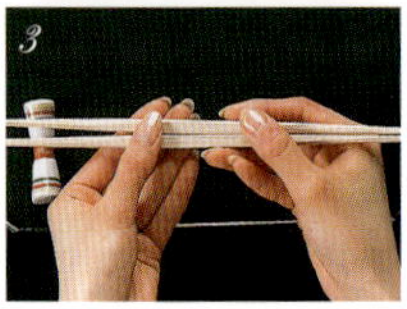

3 すべらせながら右手を下にまわし、持ち替える。

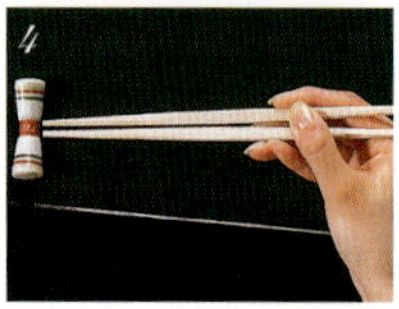

4 正しい位置(真ん中よりもやや上)を持ち、左手をはずす。

Column 箸づかいの練習方法

正しい箸づかいをマスターするためには、「正しいエンピツの持ち方」がポイントになります。いざというときに恥をかかないよう、しっかり練習しておきましょう。

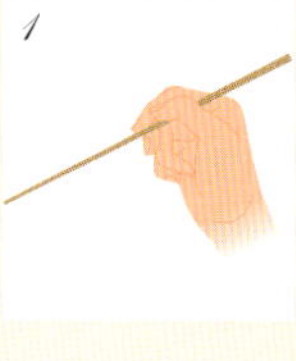

1 エンピツを持つ要領で、箸1本を親指と人差し指ではさみ、中指で支えます。3本指だけで箸を上下に動かす練習をします。

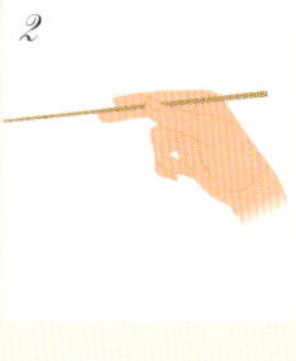

2 うまくできるようになったら、薬指と小指を軽く曲げ、もう1本の箸を親指と人差し指の間に差し込む。

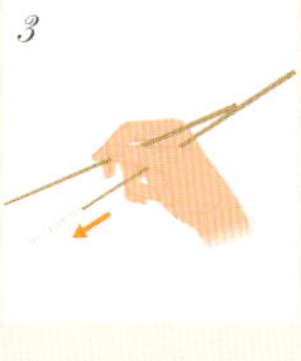

3 そのまま上の箸だけを動かす練習をします。

お椀や小鉢を持っている場合

和食ではお椀や小鉢などの器は手に持って食べてよいとされています。
まず、器を持ち、あとから箸を取り上げましょう。あせらずに落ち着いた動作を心がけて。

右手を器からはずし、右手で箸の中央を上から取り上げます。

↓

器を持った左手の人差し指と中指の間に箸をはさみ、右手を箸に沿ってすべらせて下にまわし、箸を持ちます。

↓

右手で正しく箸を持ち、左手から箸をはずします。

柳箸（やなぎばし）
両端が丸く細くなっている箸。慶事に使われ、丸箸、祝い箸とも呼ばれる。

利休箸（りきゅうばし）
千利休が考案した両端が細くなっている箸。家庭のちょっとしたおもてなしに。

天削箸（てんそげばし）
頭を斜めに削ぎ落とした箸。高級料亭や家庭でお客様をもてなすときに使われる。

元禄箸（げんろくばし）
角を削り、割れ目に溝を入れた割り箸。加工していない一般的な割り箸は「丁六」。

塗り箸（ぬりばし）
主に家庭用に使われる一般的な箸。

箸の種類

箸は、大きく「手元箸」と「取り箸」の二種類に分けられます。「手元箸」は銘々が使う箸で、家庭用にはプラスチック製の箸や塗り箸、木製の箸が一般的。一方、皆で料理を取りまわすときに使う「取り箸」は、杉や竹などを素材に用い、主に懐石《かいせき》料理に使われるもの。

竹製の箸は、節が上にある箸を天節、節がなかほどにあるある箸を中節といい、節のない箸もあります。

One Point

割り箸の扱い方

割り箸を横にし、ひざの上で静かに上下に割ります。膳の上で割ったり、左右に割ったりしないこと。
また、箸をこすり合わせて木くずを取るのもNG。気になる場合は手で取り除くようにします。

美しい箸づかいの基本②

箸は使っている最中だけでなく、休ませているときや使い終わったあとのマナーも大事。細かなことですが、こうした振る舞いこそ、全体を流れるように美しく見せるポイントです。

和
Japanese cuisine

箸の休ませ方と箸置きの役割

食事をする際、箸先が上のほうまで汚れているのは見苦しいものです。「箸先五分《ぶ》、長くて一寸《すん》（約3cm）」といわれるように、箸先の汚れは3cmほどにとどめるように意識しながら食べると上品です。

また、箸を休ませるときには、箸置きを使うのがマナー。箸置きは、箸先が膳に触れることがないように膳とともに出される箸枕のことで、和食の席では用意されているところがほとんどです。

箸置きに箸を置く場合は、箸先3cmほどを箸置きより先に出して置きます。器の上に箸を渡して乗せる「渡し箸」や、皿の箸に箸先をかけるのはやめましょう。

折敷《おしき》で料理が出された場合は、食事中は折敷の左ふちに箸先をかけておきます。食事がすんだら、懐紙を四つ折りにして箸先を包んでおくとよいでしょう。

Q&A 箸置きがない場合は？

箸置きがなくて箸袋がある場合は、箸袋を折り畳んで箸置き代わりにするのも手。千代結びにしたり、山形に折るなどして工夫してみましょう。
なお、千代結びにした場合は、食事が終わったときにその中に入れておくと「使用済」の合図になります。

【箸置きの作り方】

●千代結びにする

1

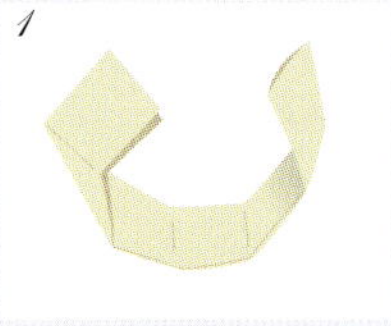

箸袋のどちらか一方を斜めに折り曲げる。

2

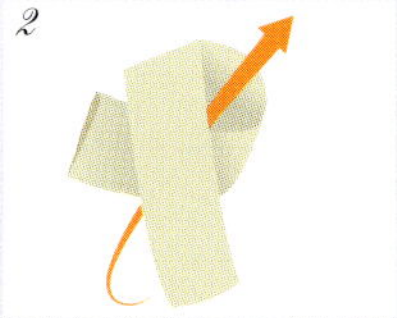

もう一方をクロスさせるように折り重ねる。

3

箸を輪の中にくぐらせて引っ張り出す。

4

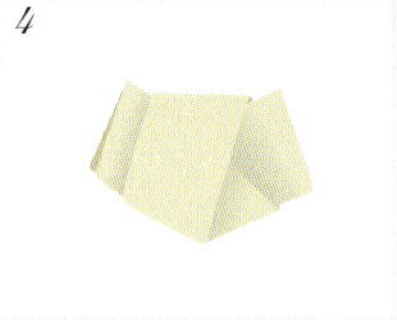

箸を輪の中にくぐらせて引っ張り出す。

●食事が終わったら…

箸袋に入れて袋の端を下に折り込むか、箸袋で作った箸置きに差し込む。

Column いろいろな長さの箸で練習する

まずは使いやすいものでマスターしましょう。練習用の箸なども市販されています。
慣れてきたら、長さや形状の異なるものを使ってみます。お店や訪問先によってどんなお箸が出てくるかは予想できません。日ごろからいろいろなお箸で練習しておくことが大切です。

NG集　箸づかいのマナーNG集

和食の箸づかいには「嫌い箸」といって、昔から無作法とされてきた使い方が数多く存在します。

あなたも気づかないうちに、こんなタブーをおかしていませんか？　普段の食事でチェックしてみましょう。

寄せ箸
器に箸を引っ掛けて、お皿を手前に引き寄せること。押すのも×。

刺し箸
料理に箸を刺して食べること。

渡し箸
箸を器の上に渡してのせること。

探り箸
食べるものが決まらず、箸先をあちこちに動かすこと。

迷い箸
食べるものが決まらず、箸先をあちこちに動かすこと。

もぎ箸
箸についたご飯粒などを口でもぎ取ること。

涙箸
汁をたらしながら料理を口に運ぶこと。

移し箸
自分の箸から相手の箸へ料理を渡す。

ねぶり箸
箸を口に入れてなめること。

持ち箸
箸を持った手で、同時に器を取ること。

押し込み箸
口に食べ物を入れすぎて、箸で押し込むようにすること。

移り箸
料理から料理へと箸を移動させる。

お椀や小鉢などは手に持って食べてよいとされています。落ち着いた動作を心がけましょう。

器の持ち方

ご飯茶碗やお椀、小鉢、小皿など、直径15㎝以内の器は持って食べてかまいません。正しい持ち方を身につけましょう。

【器を持つ高さ】

器を口元まで運ぶのは見苦しいもの。胸元くらいまで器を持ち上げて食べたほうが、見た目にも自然です。

アドバイス

持ってもよい器・いけない器

持ってもよい器

- あえ物や酢の物の小鉢
- つけ汁の器
- しょうゆの小皿
- ご飯茶碗
- 一人用のお重
- どんぶり
- 吸い物の椀

持ってはいけない器

- 刺身や天ぷら、焼き物の皿
- 煮物の大きめの鉢
- 数人用に盛りつけた大皿や大鉢

器の取り上げ方・扱い方

器を持ち上げたり、直接口をつけるというスタイルは日本独自のもの。

動作はゆっくりとていねいに。優雅さを常に忘れないようにしましょう。

これはNG

【器の扱い方】

×食べ終わった器を重ねる

食べ終わった器は重ねないこと。和食器には繊細なものが多いため、傷つくおそれがあります。

×器を受け渡しする

特に椀ものの場合、受け渡しするのは不安定なもの。汁をこぼしたり、落とす心配もあります。器の受け渡しは、基本的にはすべきではありません。

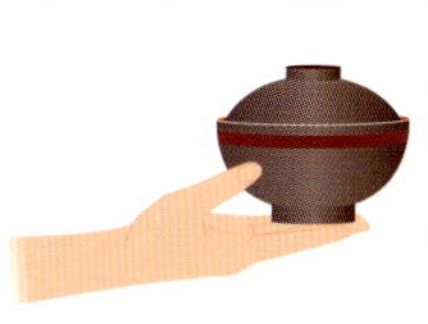

×皿を引きずって引き寄せる

刺身や焼き魚を盛った平皿が遠くにあって食べづらいときは、手前に移動させてかまいません。ただし、ひきずらないように注意。折敷を傷つけるおそれがあります。器は必ず両手で持ち上げて移動させましょう。

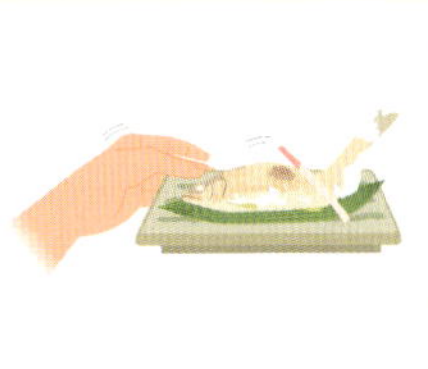

器の取り上げ方

器を取り上げるときは必ず両手で。

Q&A

食べている途中に次の料理が出てきたら？

次の料理が出てきたからといって、残っている料理をあわてて食べたり、下げてもらったりする必要はありません。

ただし、温かいものは温かいうちに、冷たいものは冷たいうちにいただくのが食事のマナー。いつまでもダラダラと食べているのは、料理の作り手にも失礼に当たるので気をつけて。お膳の上にどんどん料理がたまるのも、考えものです。

One Point

右側にあるものは右手で 左側にあるものは左手で

和食では、自分の体の中心より右側にある器は右手で、左側にある器は左手で取るのが基本です。どちらか一方の手で自分のほうへ引き寄せたら、必ずもう一方の手を添えるようにしましょう。

なお、右側にある器を左手で取ったり、左側にある器を右手で取る「袖越《そでご》し」は、タブー行為。飲み物をひっくり返したり、袖のほこりが料理に落ちる可能性があるのでやめましょう。

ふたのあけ方

フタつきの器は、いかに内側についた水滴をたらさないようにするかがポイント。
「露切りの所作」をマスターしましょう。

1 左手で椀のふちをおさえ、右手の指先でふたの糸底をつまみます。

2 そっと「の」の字を描くように回しながら持ち上げると、あけやすいでしょう。

3 ふたは手前から向こう側に持ち上げます。しずくがたれそうなときは「露切りの所作」を。

ふたの置き場所

ふたは裏返して折敷の右側に置く。

センスアップ

露切りの所作

ふたを椀の右ふちに立てかけて数秒待ち、しずくを軽くきる。
これを「露切りの所作」といいます。

ふたの戻し方

ふたは出てきたときと同じように、元通りに戻します。
裏返してふたをするのは誤った置き方です。

椀の向こう側から手前に伏せるようにふたをします。そのとき、椀とふたの絵柄を合わせて正面に向くようにします。

topics

ふたを置くときは両手を添えて

ふたをあお向けにしてから左手を添え、右手で縁を持ち直します。器を大切に扱う気持ちが伝わります。

これはNG

【ふたの置き方】

×ふたを裏返さずに折敷に置く

ふたについた水滴が折敷に落ち、不衛生な印象を与えます。必ず裏返して。

×ふたを重ねて置く

ふたや器は重ねないのがルール。傷つくことがあります。

×ふたを裏返しに戻す

椀の塗りを傷めることになるので絶対にやめましょう。

Q&A 椀のふたがあかないときは？

料理が熱いうちに椀にふたをすると、ふたがあきにくくなる場合があります。そんなときは右手でふたを持ち、左手でふちをはさみ、椀をたゆませるようにして中に空気を入れると、あけやすくなります。
それでもあかない場合は、両手で椀のふちを押さえ込むようにしてみましょう。

右手でふたを持ち、左手でふちをおさえて中に空気を入れる。この方法でもあかない場合は、椀のふちを両手で押さえるようにしてみましょう。

※どうしても自力であけられない場合は無理をせず、給仕の人に頼んでもよいでしょう。

懐紙の使い方

正式な日本料理を召し上がる際には、和紙を重ねて二つ折りにした「懐紙《かいし》」が必需品。デパートや文具店、茶舗などで売っています。

One Point

懐紙の使いみち

- 口元や指先の汚れをぬぐう
- 箸先や器の汚れをふく
- 料理を押さえるときにあてがう
- 魚の小骨や果物の種を出すときに口元を隠す
- 皿に残った魚の小骨などを包む
- しずくのたれる料理を食べるとき、受け皿として使う

センスアップ

懐紙を上手に使いこなす

懐紙は通常、1帖を持参します。使うときは内側から順に外していきます。懐紙入れもリーズナブルなものが手に入るので、併用するといいでしょう。季節感のある絵柄が入ったものもあります。

懐紙は和服の場合は胸元に入れ、洋服の場合はバッグに入れて持参します。人目につかないようポケットに入れたり、どこか手の届くところに置きましょう(テーブルの上には置きません)。

食事がすんだら

食べ散らかしっぱなしのままでは、マナー上級者とはいえません。見苦しくないようにお皿の上をきれいに整えましょう。

【膳の上をきれいにする】

やむなく食べ残してしまった料理は皿のすみにまとめ、箸は箸置きに置きます。器に口紅などがついてしまった場合は、懐紙できれいにぬぐいましょう。汁椀や茶碗のふたは、元どおりに戻します。

One Point

楊枝《ようじ》の使い方

人前での楊枝の使用は避けたいもの。使わないのにこしたことはありません。どうしてもという場合は、手で口元を隠すようにして使いましょう。

その場ではさっとすませ、気になるようなら、食事終了後に化粧室などへ行きましょう。

topics

茶懐石の席では

茶懐石の席では独特なルールがあります。食事が終わったら、箸を折敷の右ふちにそろえてかけ、正客（茶会でいちばん主になる客）に合わせ、いっせいに箸を軽く押して、折敷の中へ落とし入れます。

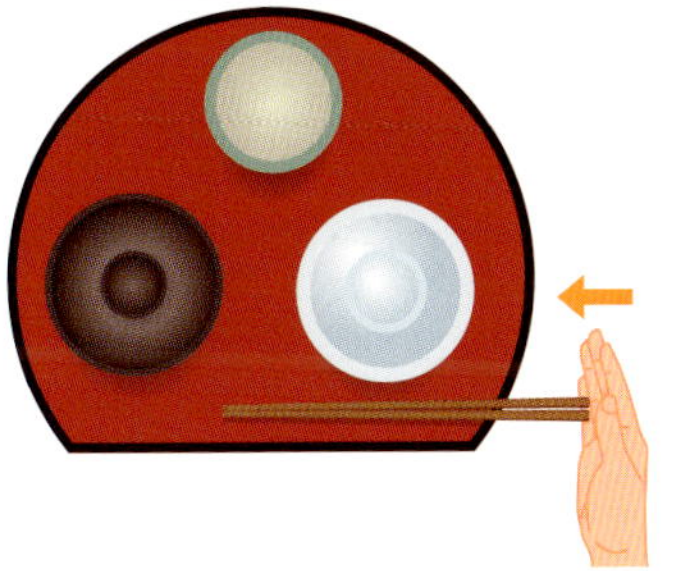

これはNG

【楊枝のタブー】

楊枝を使うときはなるべく人目につかないようにしましょう。音をさせたり、くわえ楊枝などはもってのほかです。

× **音をさせるのは品のない行為。同席者を不愉快にさせます**

× **無作法な「くわえ楊枝」。たとえ男性でもやってはいけません。**

Q&A 残した料理を持ち帰りたいのですが……

あらかじめお店に、持ち帰り用の箱「折り」が用意されていたら「持ち帰ってもよい」という印です。残った料理を折りに詰めて持ち帰りましょう。

折りが用意されていない場合でも、給仕の人に伝えれば折りに詰めてくれるお店もあります。持ち帰る料理は、時間が経過しても味が変わらないもの、食中毒の心配がないもの、汁気が少なく崩れにくいものにしましょう。

お茶の飲み方

食事の締めくくりとして最後にお茶が出されます。訪問先でお茶をもてなされる場合も、マナーは同じですので、ぜひ覚えておきましょう。

左手を茶碗に添え、右手で茶碗のふたを持ち、手前から向こう側へふたをあけます。時計回りにまわして茶碗のふちで水滴を切ります。

One Point

お菓子が出されたら

基本的に、お茶とお菓子はどちらを先に食べてもかまわないとされています。お菓子に黒文字（楊枝）が添えられていたら、ひとくち大に切って刺して食べましょう。そのまま丸ごと1個に突き刺して食べるのはマナー違反。懐紙ごと手にとってその上で割ると、美しく食べることができます。

NG集 和食のマナーNG集

ふだんの食事のなかで無意識に身についてしまったことが、実はマナー違反だった……。

という場合も多々あります。無作法で周りの人を不愉快にさせないよう、もう一度ここで復習しましょう。

器のほうに口を近づけて食べる

これは「犬食い」と呼ばれるマナー違反。テーブルに器を置いたまま食べる料理では、首や頭を前に出したり、背を丸めて食べがちなので、よい姿勢を保つように心がけましょう。

手皿で受けながら料理を食べる

料理を口に運ぶときに手を添える「手皿」。一見すると上品な行為のように思えますが、実はこれもマナー違反のひとつです。手皿の代わりに懐紙を使うようにしましょう。

料理を真ん中から食べる

目で楽しむ料理ともいわれる和食。美しく盛りつけされた料理を真ん中から食べて崩すようなことはせず、端から手をつけるようにしましょう。

大皿から取った料理をそのまま口に運ぶ

大皿から手元箸で取った料理をそのまま口に運ぶのは、「膳越し」といわれる和食のタブー。料理を取ったら必ずいったん小皿に置き、あらためて箸をつけるのがマナーです。

器に口をつけてかき込む

和食では椀や小鉢などの器は持って食べてもよいとされていますが、器に直接口をつけて食べ物をかき込むのはNG。唯一かき込んで食べてもよいとされているのは、お茶漬けです。

食べかけの料理を皿に置く

途中まで食べた料理を皿に置く行為は、自分にとってはよくても、周囲の人には食べ散らかした印象を与えてしまいます。ひとつ箸に取ったら最後まで食べるようにしましょう。

本膳料理 ～知っておきたい和食の基礎知識

現在ではあまり目にすることはない本膳料理ですが、ふだん口にする機会の多い会席料理の源流となる料理なので、基礎知識を押さえておくと役立つはず。食べ方にも細かい約束事があります。

儀式的な意味合いが強い 格式の高い饗応料理

本膳料理とは、一人分の料理をいくつかの膳にのせて一度に供される料理のこと。室町時代に確立された武家の礼法から始まり、江戸時代に入ってから一般に普及した、日本料理の原点ともいえる格式の高い饗応《きょうおう》料理で、食事をとるという行為自体に儀式的な意味合いをもたせているのが最大の特徴です。

現在では正式な本膳料理はあまり見ることはなく、宮中での儀式や、一部の寺院での客人用の料理として用意されるほか、冠婚葬祭などの儀礼的な料理にその面影が残されている程度です。

一汁三菜が基本 おみやげ用の膳もある

本膳料理の基本は、ご飯、香の物、汁物、3種類の菜（おかず）で構成する「一汁三菜」です（ご飯と香の物は数に入れません）。なお、汁物と3種類の菜では4品になりますが、四は「死」につながるということで忌み嫌われ、一汁三菜という呼び方になりました。

3種類の菜とは、①刺身、②煮物、③焼き物。この3種から始まり、客や儀式の主旨によって豪華にしていく場合は、一汁二菜ずつ加え、二汁五菜、三汁七菜……としていきます（必ず奇数になります）。

三汁七菜以上になると、膳が5つ以上並ぶ場合もあります。与（四）の膳（焼き物）と、五の膳（かまぼこなど）には箸をつけず、おみやげとして持ち帰ります。

topics

本膳料理の献立例

● **本膳**
ご飯
汁（味噌仕立て）
香の物（漬け物）
なます（酢で食べる肉や魚など坪本膳につけられる煮物のこと。野菜の煮物や、魚のすり身の蒸し物など）。

● **二の膳**
平（煮物）
汁（すまし汁仕立て）
猪口（和え物など）

● **三の膳**
椀（椀盛りの煮物汁）
汁（潮仕立て）
刺身

● **与（四）の膳**
持ち帰り用の焼物膳。小鯛の尾頭付きの塩焼き。

● **五の膳**
持ち帰り用の引き物膳。口取が盛られた膳で、台引ともいう。

本膳料理の献立例

■伝統的な本膳料理の並べ方

それぞれの膳を置く場所はあらかじめ決められおり、これを膳組と呼ぶ。「本膳」とは一の膳のことを指し、これを膝前に置き、二の膳を右側に、三の膳を左側に置く。なお、本膳の「ご飯が左で、汁が右、菜が奥」という配置は、現在の家庭の食卓にも受け継がれている。

器の並べ方や食べ方、服装などの細かい作法が決められ、儀式的だった本膳料理も、現在では「食べるための料理」としてお店独自のアレンジがなされることが多い。

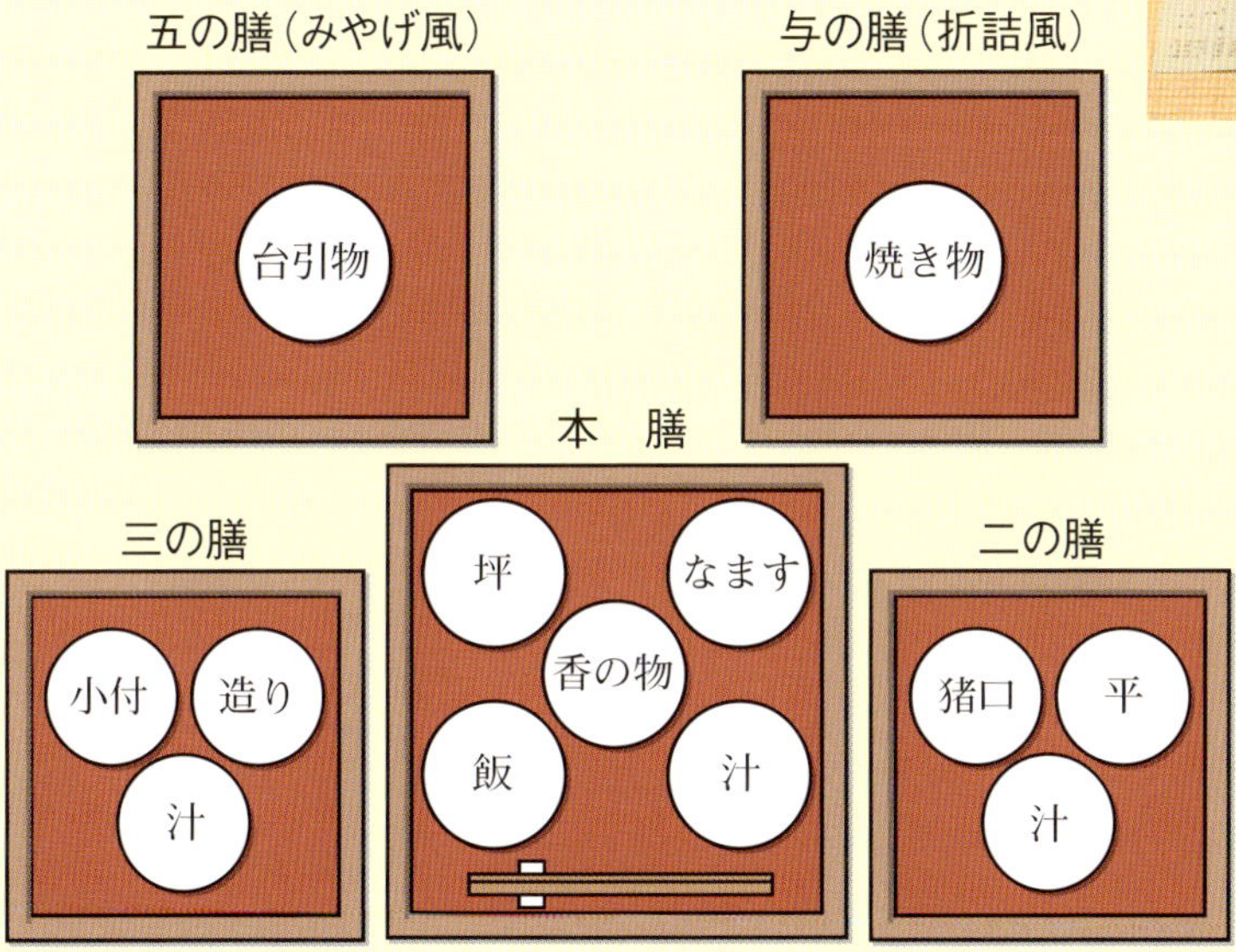

- **本膳**
  香の物・飯・汁・なます・坪
- **二の膳**
  猪口・汁・平
- **三の膳**
  造り・汁・小付
- **与の膳(折詰風)**
  焼き物
- **五の膳(みやげ風)**
  台引物

本膳料理の食べ方の決まり

最初に、吸い物と肴《さかな》がのった膳が酒と一緒に出されます。これを食べたあと、本膳(一の膳)、二の膳、三の膳……と出されます。

ふたは、右側に置いてある器は右手で、左側に置いてある器は左手であけます。すべてのふたを取り、高台を下にして膳の外へ置きます(取ったふたは重ねないようにしましょう)。

まずご飯をひとくち食べ、次に汁を飲み、またご飯を食べ……というように、料理と料理の間に必ずご飯をひとくち食べるのがルール。ご飯をおかわりするときは、椀にひとくち分のご飯を残します。

本膳にのっている香の物は、ご飯の終わり頃か、最後に湯や茶をいただくときに食べるもの。最初から手をつけるのはタブーです。

懐石料理 ～知っておきたい和食の基礎知識

茶の湯の席で出される簡単な食事で、正式には茶懐石料理といいます。もてなしの心が大切にされ、食事を終えたあと、皆でいっせいに箸を折敷の中に落とすなど、独特なルールもあります。

簡素な料理が一品ずつ出される軽い食事

懐石《かいせき》料理とは、千利休《せんのりきゅう》によって茶道とともに形式が整えられた、茶の湯の席で出される食事のこと。質素を第一とする懐石料理のスタイルは、もともと禅宗《ぜんしゅう》の僧が抹茶《まっちゃ》と一緒にとったことに端を発しています。

その昔、禅僧の食事は朝と夜の二食制で、夜は焼いた石を布で巻き、それをお腹に抱いて寒さや空腹をしのいでいたといいます。懐石料理は、懐に抱いたあたたかい石のようにお腹を温める軽い食事という意味。もてなしの心が大切にされる料理です。

大皿に盛られた料理から自分の分を取って回す

料理は黒塗りの折敷《おしき》にのって出されます。箸置きや箸袋は使いません。料理は人数分が大きな器に盛られていますので、客は順番に器から料理を取って、次の人に回しながらいただきます。

懐石料理は一汁三菜が基本とされ、まず、少量のご飯と汁、向付《むこうづけ》が出され、そのあとに一品ずつ料理が出されます。三菜とは、向付、煮物、焼き物のことで、そのほか、箸洗いと八寸《はっすん》がつき、最後に濃茶《こいちゃ》と薄茶《うすちゃ》で締めくくります。

向付は「折敷の向こう側に置かれる料理」、箸洗いは「箸先を洗う程度」という意味から名づけられました。八寸は、一辺が八寸（約20㎝）の正方形の盆に盛って出される2種類の酒の肴《さかな》のことを指します。

以上のほか、亭主が特におすすめしたい料理がある場合「鉢肴《はちざかな》」「強肴《しいざかな》」として献立以外の料理が供される場合もあります。これらは、ほかの材料や調理法と重ならないような内容にしてあります。

topics
三汁七菜の内容例

❶ **ご飯、汁、向付**
向付は刺身が一般的。

❷ **平椀（椀盛り、煮物椀）**
魚や鶏肉、野菜などが入ったすまし汁。

❸ **焼き物（重）**
白身魚を焼いたものが出される場合が多い。

❹ **強肴**
コースのメイン料理。炊き合わせや酢の物、和え物など。

❺ **箸洗い（小吸い物）**
味の薄いさっぱりした吸物で、小さな椀で出される。

❻ **八寸**
酒と一緒に楽しむおつまみ。魚介類と野菜を盛り合わせたり、山海の珍味を数種取り合わせたものが主。

❼ **湯桶、香の物**
湯桶は、そば湯または塩味のお湯。つぎ口と、横手がついた湯次（ゆつぎ）の湯の子すくいが添えられている。

❽ **菓子**

❾ **濃茶**

❿ **薄茶（干菓子）**

懐石料理の献立例

ご飯・汁・向付

腕盛り

焼き物

強肴（しいざかな）

進肴（すすめざかな）

橋洗い・八寸

茶懐石料理では、料理は一度に出されるのではなく、コース料理のように一品ずつ出されるのが特徴。料理もさることながら、次の料理を出すまでの「間」の取り方が重要で、客をあせらせず、かといって待たせないことが大切なこととされている。

菓子

食べ方の決まり

最初に出されるのは、ご飯、汁、向付。まず最初にひとくちご飯を食べ、味噌仕立ての汁を音をたてて吸いきります。それを合図に主人から酒がすすめられるので、酒を飲んでから向付に手をつけます。

その後、煮物と、人数分が一鉢に盛られた焼物が出されます（このとき献立以外の料理「鉢肴」「強肴」を出す場合もある）。

小吸物、八寸を食べ終えたら、酒杯のやりとりを交わし、湯桶《ゆとう》と香の物をいただいて終了。食事を終えたら折敷の上をととのえ、一同で折敷きのふちに掛けてあった箸を折敷の中に落とし、食事終了の合図をして終えます。

その後、菓子とお茶が出されます。

Q&A

日本料理店のメニューにある「懐石料理」って？

日本料理店でよく目にする「懐石料理」の文字。しかしそれは、一人分ずつの料理が間をおいて供される「会席料理」である場合がほとんど（P84参照）。つまり料理の出し方だけ懐石料理から倣ったものですので、ここで紹介しているような正式な懐石料理とは異なります。

正式な懐石料理は、茶の湯の席で出される簡素な料理で、茶を引き立てるためのもの。たんに、料理を一品ずつ出す形式のことを指すのではありませんので、混同しないようにしましょう。

精進料理 ～知っておきたい和食の基礎知識

植物性の食材のみを使うヘルシーさから、近年、健康志向の人々から注目を集めている精進料理。寺院での食事や通夜など、仏事の席で接することが多い料理ですが、現在では専門料理店もあります。

動物性の食材をいっさい使わない料理

肉や魚、鳥などの動物性の食材を使わず、野菜や穀物、海草類などを工夫して作る料理を精進料理《しょうじんりょうり》といいます。仏前の供え物を用いて僧侶が作った料理から発展したもので、鎌倉時代、曹洞宗《そうとうしゅう》の開祖である道元《どうげん》禅師によって形づくられました。

仏教では悟りの道を求める修行を「精進」といい、食事では戒律五戒で生き物を殺すことが禁じられていたため、魚や肉の使用を避けるようになりました。

なすのしぎ焼き、がんもどき、こんにゃくのたぬき汁、油揚げの蒲焼きなど、肉や魚を使わない物足りなさをカバーするような、鳥獣魚肉に似せた〝もどき〟料理が数多く存在するのも、この料理の特徴のひとつでしょう。

現在では植物性の食材のみを使ったヘルシーな料理として注目を集め、宗派を問わず、幅広い人々に楽しまれています。

食事前・食事後には合掌するのが決まり

精進料理は膳にのって一人ひとりに出されます。食べ始める前には必ず合掌《がっしょう》するのがルール。

これは食べ物に対して感謝の気持ちを表すための所作で、全員が着席したのち、典座《てんぞ》(台所を司《つかさど》る僧)の合図を受けてから一同で合掌します。

器に盛られた料理を残すことは厳禁です。食べ終えたら白湯《さゆ》を注ぎ、器についたものをすすぎとってから白湯を飲み干します。その後、一切れのたくあんで椀をぬぐい、そのたくあんを食べます。

食事が終了したら感謝の気持ちを込めて合掌します。そのほかの食事のマナーは他の日本料理とほぼ同じです。

topics

建長寺のけんちん汁

精進料理のなかでもポピュラーな「けんちん汁」。大根、にんじん、ごぼうに里芋、豆腐、こんにゃくなどの素材を、ごま油で炒めて醤油で味付けするシンプルなすまし汁で、ふだんから口にする機会も多いでしょう。
けんちん汁は神奈川県鎌倉市にある建長寺が発祥とされ、「建長汁」がなまって「けんちん汁」となったといわれています（諸説あり）。
大勢の修行僧のために、大鍋で野菜類を調理するという方法が功を奏したのか、各素材の味がしみ込んで、なんともいえないコクと旨味が。魚も肉も禁じられていた若い僧たちとって、身も心も温まるごちそうとなりました。

精進料理の献立例

ご飯、汁二種、煮物、和え物、酢の物、揚げ物、香の物(漬け物)などが一般的な献立だが、修行僧が日常食べるものと、料理として振る舞われるものとでは内容が大きく異なる。

精進料理は、動物性の食品を一切使用せず、タンパク質なら豆腐や納豆、麩《ふ》、しょうゆなどの植物性タンパク質から、油脂はごまやクルミなどの植物油から、だしは昆布やしいたけからとる。

Column その他の和食

卓袱(しっぽく)料理

もともとは江戸時代、長崎に滞留していた中国人の影響を受けて生まれた料理ですが、時代の流れとともに和漢洋の折衷料理へと発展。

食材には肉類も使われます。中国風の食卓を覆う布のことを指す言葉だった「卓袱」は、転じて食卓のことを指すようになりました。

赤い円卓を5〜7人で囲んで座り、料理は大皿に盛られたものを、めいめいが取り分けていただきます。取り箸は使わず直箸でとり、汁物の場合は陶器の匙《さじ》でとります。

普茶(ふちゃ)料理

江戸初期に中国の黄檗宗《おうばくしゅう》の隠元《いんげん》禅師が広めた中国風の精進料理。油をふんだんに使うのが特徴で、普茶料理の普及によって天ぷらも広まったといわれています。

長方形のテーブルに、料理が大皿に盛られ、それを各自が直接、小皿に取り分けていただきます。普茶とは「あまねく茶をほどこす」の意で、料理を仲立ちとしてその日の労をねぎらうといった意味合いがあります。

その昔、黄檗宗では茶礼の最後に仏前に供えた食べ物を料理してお茶を飲む習わしがあり、このときの料理を「普茶」と呼んでいました。

会席料理 ～知っておきたい和食の基礎知識

「和食」といえば会席料理を指すほど、もっともポピュラーな料理です。堅苦しい作法はないからといって、無礼講は厳禁。最低限のマナーを押さえ、肩肘張らない酒宴を楽しみましょう。

お酒と一緒に楽しむ カジュアルな日本料理

現在、冠婚葬祭を始めとする宴席でもっとも親しまれているのが、この「会席料理」です。

お酒を中心とした配膳になっており、料理は脚のない会席膳にのせて出される場合と、卓上に直接食器を並べる形式があります。

もともとは江戸時代中期の俳諧《はいかい》の席（この席を「会席」と呼んでいました）で出された料理のこと。本膳料理の堅苦しい作法を簡略し、よりカジュアルに宴会を楽しもうという主旨のもとに生まれた料理ですので、形式ばった約束事はさほどありません。

自由な発想で趣向を凝らされた、季節感のある美しい盛りつけも、会席料理の楽しみのひとつ。料理を舌と目で楽しむよう工夫されています。

ご飯・味噌汁・香の物は あとから出される

会席料理ならではの特徴は、最初にお酒が出される点でしょう。日本酒やビールなどと一緒に料理をいただき、あとからご飯と汁が出されます。

料理は、一汁三菜が基本。三菜は、刺身、煮物、焼き物のことで、必要に応じて豪華にする場合は、品数を増やし、一汁五菜、二汁七菜としていきます。本膳料理の流れを汲み、最初からある程度の料理が並べられている場合もあれば、懐石料理のように間を置いて一品ずつ料理を出す場合もあります。

また、吸い物や蒸し物などの温かい料理だけをあとから出す場合もあったりと、店によって料理の出し方は異なります。一品ずつ出される場合は、食欲と味覚を徐々に高めていくよう、順番が配慮されています。

センスアップ

会席弁当の食べ方

松花堂《しょうかどう》弁当に代表される会席弁当は、塗りの弁当箱の中に、会席料理の献立をひととおり盛り込んだもの。本格的な会席料理が手頃な量と値段で楽しめるとあって、ちょっとした会食の席でよく出されます。
まず、弁当箱のふたを取ったら、テーブルの上に裏返して置きます。大きくて場所を取るようなら、テーブルの下の畳の上へ。重ねて置くのは箱の塗りを傷つけてしまうおそれがあるのでやめましょう。
食べる順番に特にルールはありません。会席料理のコースの順番を参考に食べるとよいでしょう。

会席料理の献立例

①前菜　②吸い物　③刺身　④煮物　⑤焼き物　⑥揚げ物　⑦蒸し物　⑧酢の物

会席料理の流れ

料理の出し方や順番は店によって異なり、決められた形式はありません。献立名は、関東・関西・地方によって違います。

❶前菜
（突出、お通し）

一汁三菜の前に出される酒の肴。季節感を取り入れた少量の珍味などが美しく盛って出される。

❷吸い物
（お椀、椀盛）

季節の味と香りを楽しめる、すまし汁仕立ての吸い物。鯛や蛤を使った潮《うしお》仕立て、松茸を使ったどびん蒸しなど。

❸刺し身
（お造り、向付）

赤身や白身の魚を平造りや糸造りにしたもの。献立には「造り」「差し身」と書かれている場合が多い。

❹煮物
（炊き合わせ）

野菜や魚の煮物の盛り合わせ。ふた付きの碗に盛って出される。

❺焼き物
魚の場合がほとんど。塩焼き、酒焼き、白味噌焼き、照焼きなど焼き方はさまざま。

❻揚げ物
天ぷら、唐揚げのほか、揚げ衣にさまざまな材料を使った変わり揚げが出る場合もある。

❼蒸し物
酒蒸し、かぶら蒸し、小田巻蒸し、茶碗蒸しなど。

❽酢の物
魚介類や野菜、わかめなどを使った酢の物や酢みそ和え。

❾ご飯、止め椀（留め椀）、香の物
ご飯の代わりに寿司が出る場合も。止め椀は味噌汁、香の物は漬け物のこと。

❿水菓子、果物や氷菓など
季節の果物を少量ずつ盛り合わせたもの。膳が片づけられたあとに出されます。

前菜

会席料理の最初に出される前菜。料理に演出された季節感を目で味わってから口にするようにしましょう。

田楽

串からはずして食べます。ただし、二つ以上の田楽があっても、いっぺんに抜くのは×。ひとつ食べ終わってから、次の串を抜くようにしましょう。

左手で串を持ち、箸で串をはさんで田楽を押し出すようにして抜きます。食べ終わった串は、懐紙があればそれに包んでおきましょう。

つくね

つくねの串はなかなか抜きづらいもの。串を回しながら抜くとスムーズに抜けます。

アドバイス

形を崩さずに上手に食べるコツ

豆腐などやわらかいものの場合は、うっかり箸でつまむと崩れてしまいます。大きいものは、ひとくち大に切ってから食べましょう。

また、左手で受けながら食べる「手皿」は厳禁。箸から落としてしまいそうなおそれのある料理は、懐紙で受けながら口に運びます。

盛り合わせ

酒の肴に合う季節感あふれる料理が多く、盛り合わせは三種、五種、七種と奇数で出されます。

アドバイス

盛り合わせを食べる順序

とくに決まり事はありませんが、美しい盛りつけを崩さないように、手前のものや端のものから一品ずつ手をつけるとよいでしょう。迷ったときは、左から順に箸をつけます。

One Point

小鉢で出された場合

汁気の多いものは小鉢を手にとって食べたほうがよいでしょう。涙箸にならないように気をつけて。

器を持ち上げるときは、美しい姿勢を保つよう意識しながら。とくに腋が広がらないように注意します。

センスアップ

おしぼりの使い方

ふだん飲食店などで何気なく使っている「おしぼり」は、楊枝とともに日本独特の習慣のひとつです。

おしぼりは食事の前に手をぬぐうためのものです。顔や首回りを拭いたりするのは見苦しいので絶対にやめましょう。口元を拭いたりするのにはおしぼりは使用せず、懐紙を使うようにします。

通常はすぐに下げられてしまいますが、必要なときは遠慮なくお店の人に言って、そのつど持ってきてもらえばよいでしょう。

なお、料理の横におしぼりが添えられてくる場合などは、その料理は手を使って食べてよいという合図です。

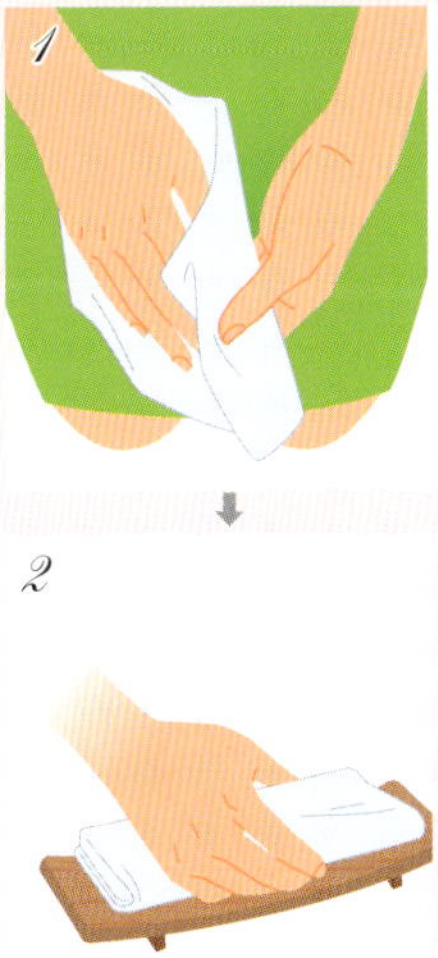

ひざの上で広げ手をぬぐう。

使い終わったら軽くたたみ、おしぼり台に戻す。料理の横に添えられている場合は、その料理は手で食べてよいという合図。

One Point

吸い物の香りの味わい方

吸い物を飲む前にひと呼吸置き、椀の美しさや吸い物の香りを味わうのが通の楽しみ方といえます。

椀の正面を右か左のどちらかにずらし、だしの香りを楽しみ、お膳に戻します。

吸い物

薄味の吸い物には、口の中をさっぱりさせ、喉をうるおす役割があります。汁と具は交互にいただくのがマナーです。

すまし汁・潮汁《うしお》

汁の具は箸で食べるもの。汁と一緒に口に流し込むことのないように気をつけて、冷めないうちにいただきましょう。

最初に汁を一口飲み、だしを味わってから、具を食べます。具と汁は交互に食べましょう。
汁を吸うとき、箸は椀の向こう側に一文字に揃えると美しく見えます。箸先を人に向けるのはNG。

土瓶蒸し

小さめの土瓶の中に、松茸、はも、えび、三つ葉、だし汁を入れて蒸した吸い物。最初に汁を飲み、松茸の香りを楽しんでから具を食べます。

1 すだちを搾り入れます。ぎゅっと搾り入れてもよいのですが、すだちを杯の内側に塗るようにしながら搾るとまんべんなく風味が広がります。

2 汁は左手で土瓶の底を支えながら、ゆっくり注ぎます。

3 汁と具は交互にいただくようにしましょう。

刺身

新鮮な刺身をいただくのは和食ならではの楽しみ。
うっかり洋服に醤油をつけてしまわないよう、注意を払って。

刺身に限りませんが、料理は淡い味から濃い味へと食べ進めると、それぞれの味が楽しめます。脂の少ないものから食べ始めましょう。

わさびは刺身の中央に直接のせて食べても、醤油に溶いてもどちらでもかまいません。わさびの風味をより楽しみたいなら前者の方法で。

One Point

花穂じそ

刺身と一緒に添えて出される薬味の一種。箸でしごいて、醤油の小皿に入れます。

アドバイス

舟盛りの刺身の取り分け方

舟盛りや大皿に刺身が盛られて出された場合は、主賓側から取るのが礼儀です。取り箸がない場合は自分の箸で取ってかまいません。このとき、箸の上下を逆さまにして取ったほうがよいといわれていますが、これはかえって不潔な印象を与えるのでやめましょう。自分が取る刺身だけに箸が触れるように気を配ります。自分の好物ばかりを取るようなことはせず、盛りつけを崩さないように注意しながら左側から取るようにします。

topics

醤油がたれないように気をつけて。左手で小皿を持ち上げて食べるか、懐紙を添えて食べると上品です。

大根やしその葉、海藻などの「つま」は、たんなる飾りではなく、口直しの役割があるので、一緒に食べてかまいません。

焼き物

店によっては肉が出されることもありますが、主流は魚。切り身魚も尾頭つきの魚も、左端から順に食べていくのは共通です。

切り身魚

左端から一口大に切りながら食べます。皮は食べても食べなくてもかまいません。

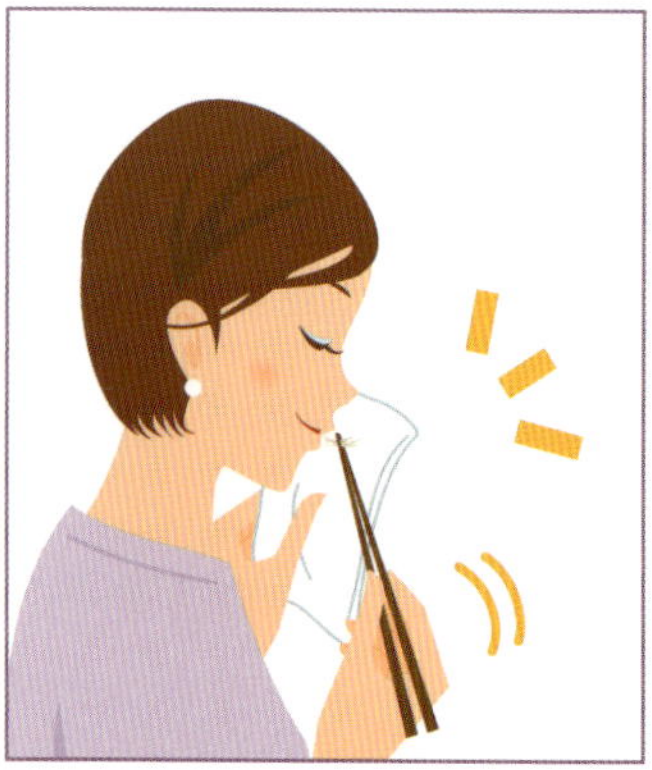

口に残ってしまった小骨は、左手か懐紙で口元を隠しながら箸で取り出します。指でつまみ出したりすることのないように。

食べ残した皮や小骨などは皿のすみにまとめておきます。

One Point

付け合わせは最後に食べる

焼き魚にははじかみ（根しょうがの酢漬け）や、酢取蓮根などが付け合わせとしてついてきます。
これらは口の中の生臭さを消すためのものですので、最後にいただくのが正解。懐紙で口元を隠しながら、根の部分を食べます。

尾頭つきの魚

箸使いをはじめ、和食の技法が問われる「尾頭つき」。左手をうまく使うのが、手際よく食べるコツ。身をほぐしたり中骨をはずすときなどは、左手でしっかりおさえます。

また、食べ終わったあとのマナーも大切です。たとえ上手に身を食べられても、食べ散らかしたままは見苦しいもの。骨や頭などをまとめ、懐紙や飾り用の笹の葉などをかぶせておくといいでしょう。

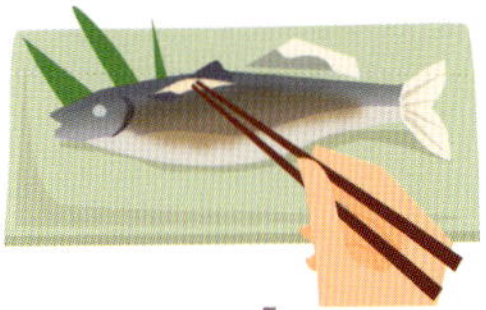

1

まずは上身から食べ始めます。魚のひれを取り、背側の身を頭のほうから尾に向かって食べましょう。

2

上身を食べ終えたら、中骨を箸で持ち上げ、頭と尾をつけたままの状態で骨をはずしましょう。

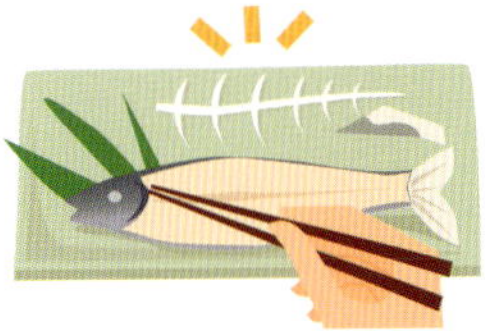

3

はずした骨は向こう側に置き、残った下身を頭のほうから食べます。

Column 嫌いな食べ物が出た場合

どうしても食べられない嫌いな食べ物が出た場合は、とりあえずそのままにしておき、他の料理を食べ終えてから、それと一緒に下げてもらうようにしましょう。

下げてもらうのは、料理の作り手や招待してくれた人にとって大変失礼な行為に当たります。

これはNG 裏返して食べるのはマナー違反

尾頭つきの魚をいただく際、中骨をはずすのが面倒で、つい魚をひっくり返してしまいたくなりますが、これは無作法とされているのでご注意を。

魚は動かさず、箸で中骨をはずしてから下身を食べるようにします。

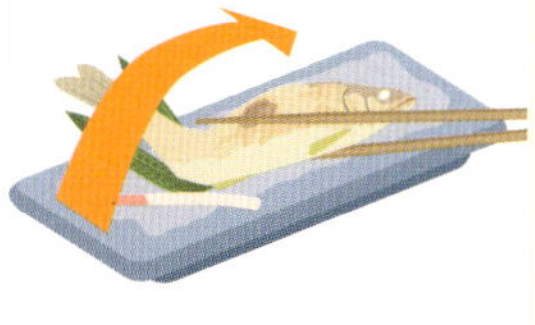

煮物

ふたは高台を下にして折敷の外に置き、盛りつけを崩さないように手前から食べます。大きなものはひとくち大に切ってから。

季節野菜の炊き合わせ

冷めないようにふた付きの鉢に入れて出される煮物は、旬の野菜の風味が満載。見た目、香り、味を楽しみながら召し上がります。
手前から食べていくと盛り付けを崩さずに食べられます。
大きい具は無理せず箸で分けて食べましょう。

これはNG

煮物のタブー

- ×食べかけで歯形が残ったものを、器に戻さない。
- ×大きいものを無理やり頬張らず、必ずひとくち大に分ける。
- ×すべりやすくて取りにくいからと、箸を突き刺すのはマナー違反。

アドバイス

すべりやすい料理

里いものようにすべりやすい料理の場合は、器の中で箸でひとくち大に分けてから食べるとつまみやすくなります。

●汁気が多い料理
（大きめの器の場合）

器を置いたまま、懐紙で受けながら食べます。

●汁気が多い料理
（小さめの器の場合）

器を持ち上げて食べるか、ふたを皿代わりにして食べます。煮汁の汁は器に口をつけて飲んでもかまいません。

揚げ物

衣をつけた「衣揚げ」と、衣をつけない「素揚げ」があります。盛りつけを崩さないように手前から取り、熱いうちに食べます。

天ぷら

天つゆや塩、すだちなどが添えられて出されます。天つゆがたれないように注意しながら食べましょう。

One Point

箸で切れないものは噛み分けて食べる

大きくて弾力もあるエビやイカの天ぷらは、ひとくちで食べたり、箸でひとくち大に切ることができません。こういう場合は口元が目立たないように歯で噛み切って食べましょう。

かじりかけを器に戻したりせず、2～3回に分けて噛み分けて食べきります。

1 大根おろしを天つゆに入れ、軽く混ぜる。

2 揚げ物を手前か、取りやすいところからひとつ取って軽くつゆにくぐらせます。大きいものは箸でひとくち大に。

3 天つゆのしずくを小鉢で受けながら、揚げ物をいただきます。小鉢を折敷に置き、懐紙で受けて食べてもかまいません。

蒸し物

酒蒸し、かぶら蒸し、小田巻蒸しなどがありますが、一番なじみ深いのは茶碗蒸し。器が熱いのでやけどしないように注意しましょう。

茶碗蒸し

器に軽く触れて熱さを確かめてからふたを取り、手前からひとくちずつスプーンですくって食べます。
箸またはスプーンの背で、器についている卵を落としながら食べるときれいです。
食べ終わったらスプーンを元の位置に戻してふたをし、両手で敷皿ごと持って膳の向こう側へ置きます。

One Point

器が熱いときは器を置いたまま食べる

器が熱くて持てないときは無理をせず、折敷に置いたまま食べましょう。左手で持った懐紙で受けながらいただきます。敷皿ごと持って食べてもかまいませんが、不安定で危険なので避けたほうが無難です。

これはNG

×ぐちゃぐちゃにかき混ぜる

中の具をスプーンでかき出して食べるのは、はしたない行為です。

×カチャカチャ音をさせる

器にスプーンを当ててカチャカチャと音を立てないこと。

×音を立てて食べる

熱いからといってフーフー吹いたり、汁をすすって音を立てないように気をつけて。食べるときはスプーンの先から口に流し入れるようにします。

酢の物

口の中をさっぱりさせる酢の物は、お酒を楽しむ席で欠かせない料理のひとつ。小鉢で出されたものは手に持って食べてもよいでしょう。

少量でも、分量を調節しながら2〜3回に分けて食べたほうが上品です。小鉢で出された場合は、小鉢を手に持っていただきます。上に酢味噌や梅肉酢がかかっている場合でも、かき混ぜずに、ひと箸ごとに酢を少しずつつけて食べるようにします。

薬味・吸い口

薬味や吸い口（汁物の浮き実）には、料理に風味をプラスするだけでなく、臭みを取る役割も。有効にいただきましょう。

わさび

刺身に添えられていたら、醤油に溶かすか、刺身に少量のせて食べます（P89参照）。本わさびにわさびおろしが添えられている場合は、わさびおろしを置いたまま左手で押さえ、右手でわさびを持ってすりおろします。

ゆずの皮・木の芽

吸い物に入っている場合は、箸で椀の手前に寄せてから汁ですすると、いっそう風味が増します。苦手な人は箸で取り除き、懐紙に包みます。

輪切りの柑橘類

輪切りのレモンなどが料理の上に置かれていた場合は、そのまま箸でレモンを押しつけるようにして、料理に果汁と香りをつけます。使い終わったら皿のすみに寄せておきます。

くし形切りの柑橘類

レモンの両端を持ち、押すようにして果汁を搾ります。果汁が飛び散らないように左手で覆いましょう。搾り終わったら切り口を裏にして皿のすみに置き、懐紙で手を拭きます。レモンのほか、すだち、かぼすなども。

つま

つまは刺身と一緒に食べるか、刺身と刺身の間に食べます。

花穂じそ

刺身に添えて出される薬味。茎の元のほうを上にして左手で持ち、箸でしごくようにして、醤油を入れた小皿に落とします。

ご飯・止め椀・香の物

会席料理の締めくくりとして出されるご飯・止め椀・香の物の三点セット。この食事膳が出されたらお酒はやめましょう。

Q&A

ご飯を最後のひと粒まできれいに食べるには?

食べ終わったあと、器にご飯粒が残っていては、あまりきれいではありません。料理していただいた人への感謝の気持ちを込めて、最後のひと粒まで食べましょう。残った米粒が器に張り付いて取りにくいときは、汁で湿らせた箸を使うと取りやすくなります。

止め椀を持ち、箸で沈んだ味噌を軽く混ぜてひとくち飲みます。最初に止め椀で箸を湿らせると、箸にご飯粒がつきにくくります。
食べる順番はとくにありませんが、ご飯を半分ほど食べてから香の物(漬け物)に手をつけ始め、最後にたくあんひと切れが残るようにするとスマートです。

果物

水菓子とも呼ばれ、会席料理の最後に出されます。食べ方に決まりごとはとくにありませんが、数種類の果物が盛り合わせて出された場合は、淡白なものから食べ進めたほうがよいでしょう。

メロン

食べやすいようにひとくちサイズに切れ目が入っている場合は、添えられているフォークか楊枝で、利き手側の端から取って食べます。

切れ目が入っていないものは、スプーンですくいながら食べましょう。

ぶどう

大粒のぶどうは、手で皮をむいてから食べます。小粒のぶどうは軽くつまみ、皮から実を吸い出すようにして食べます。皮は皿のすみにまとめて置きましょう。

One Point

種の出し方

種を出すときは二つ折りにした懐紙を口元に持っていき、その中に出します。
食べ終わったら懐紙で種や皮を包み、軸も一緒にまとめ、皿の上に置きます。

すいか

皮を横に倒すと、食べたあとが目立ちません。種は一ヵ所にまとめて置くとよいでしょう。

みかん

すじや内袋は外皮の中に包み、それをたたんでまとめ、へたを上にして置くとよいでしょう。

お寿司の食べ方 ～専門店でのマナー

敷居が高そうに思えますが、マナーを守れば大丈夫。初めてのお店の場合は、テーブル席や座敷で桶盛を頼み、お店の特徴をつかんでみて。わからないことはお店の人にたずねましょう。

カウンター席では「お好み」か「おまかせ」で

カウンターで注文する場合は、自分の好きなものを一貫ずつ頼む「お好み」が基本。自分が好きなものを頼んでかまいませんが、①貝や白身魚などの淡白な魚→②光りもの→③脂ののった魚→④玉子、の順番で頼むとおいしくいただけます。

よくわからないなら、「いまの季節はどんな魚がいいですか？」と聞いてみたり、あるいは、嫌いなものと予算を伝えて板前さんに任せて握ってもらう「おまかせ」にする方法もあります。

カウンターではお酒をついでもらいやすい席が上席。つまり、二人の場合は左側、三人の場合は真ん中になります。カウンターは1枚の板でつながっていますので、隣の席におしぼりや器などがはみ出さないようにしましょう。煙草も厳禁。周囲の人に迷惑がかかるばかりか、寿司の繊細な風味も損なわれてしまいます。

しょうゆはご飯ではなくたねのほうにつける

にぎりは箸を使って食べても、手で食べてもかまいません。一貫はひとくちで食べますが、無理なら、包丁を入れてもらってふた切れにするか、ご飯を少なめにしてもらいます。醤油はご飯のほうではなく、たねに少量つけて食べましょう。ご飯につけてしまうと、くずれて食べにくくなるばかりか、醤油の中にご飯が残って見苦しいものです。

テーブル席では桶盛りのお寿司を一人前ずつ注文するのが一般的ですが、最近ではテーブル席で一

Column 口直しにガリとお茶を

カウンターに座ると、盛り皿にガリをのせて出されます。ガリはしょうがの甘酢漬けで、口の中でねた同士の味が混ざらないようにするために、寿司と寿司の間に食べる口直しです。

また、脂の多い赤身や光りものを食べたあとに白身をいただくときは、お茶を少し飲んでからいただくと、口の中がすっきりして、淡白な白身魚の風味が楽しめます。

One Point

多すぎる時は無理せず一貫に

普通、カウンターで注文すると二貫ずつ出てきますが、これを二人で一貫ずつ分けて食べるのはマナー違反です。二貫だと多すぎるという場合は、遠慮せず「一貫ずつ握って下さい」と伝えましょう。また、ご飯が大きすぎる場合も「ご飯を小さくしてください」と伝えてかまいません。

お寿司の上手な食べ方

カウンターに座った場合は手で食べてもかまいません。
出されたら、たねの表面が乾かないうちに、なるべく早くいただくようにしましょう。

ちらし

全体に醤油を回しかけるのは上品な食べ方とはいえません。すしだねに醤油をつけて、ご飯と交互に食べましょう。イクラなど醤油につけづらいものは、刺身から移し醤油をするとよいでしょう。

にぎり

親指と中指で両脇をはさみ、人差し指でたねの上を押さえ、たね側を醤油につけます。桶盛りの場合や、あらたまった場では箸を使って食べましょう。

アドバイス　わさびが苦手な人は

わさびが苦手という人は、あらかじめ「わさびを少なめに」と板前さんに伝えておくといいでしょう。せっかくの美味しいたねを味わえなくなってはもともこもありません。まったくダメな人は、「サビ抜きで」と頼めば大丈夫です。

軍艦巻き

たねがこぼれ落ちないように注意しながら、斜めに傾けて海苔に醤油をつけます。ガリに醤油をつけて、たねに塗る方法もあります。

魚の種類と旬

春	蛤、かつお、たい、すみいか、甘えび
夏	穴子、たこ、しまあじ、かつお、アワビ
秋	かんぱち、さば、さんま、真いわし
冬	数の子、中トロ、赤貝、ひらめ、かれい

そばの食べ方 ～専門店でのマナー

そば粉の風味を味わいたいからといって、ぐずぐず食べていてはゆでたてのおいしさも台無しに。

そば屋では素早くいただくのが一番のマナーといえるでしょう。薬味はお好みで調節してください。

和
Japanese cuisine

風味が落ちないうちにさっと食べる

そばは出されたらすぐにいただき、時間をかけずにさっと食べ終えるようにしましょう。だらだらと食べていると風味が損なわれて味が落ちてしまうばかりでなく、そばがのびて箸で取りづらくなるというデメリットもあります。

音をたててすすって食べる

そば専門店では音をたててすすってかまいません。空気を一緒に吸い込むことで、そばの風味が引き立ちます。ただし、そばを一度に多くとりすぎると、必要以上に大きな音をたててしまいがちなので、欲張らず、ひとくち分ずつ取るようにしましょう。

なお、音を立ててよいといっても、場所によっては控えたほうがよいがこともあります。たとえば、会席料理のコース中にそばが組み込まれている場合などは、なるべく音を立てないようにします。

つけ汁は先のほうにつけるのが粋？

「そばは、先だけをつけ汁に入れるのが粋」とは、そば通の間でよく言われることです。ただし、たっぷりつけても作法の上では何ら問題はありません。好みの食べ方でいただきましょう。

Column

もり・ざる・せいろの違い

現在、この三種類の呼び名の使い分けは店ごとに違い、一概にはいえません。上に海苔がかかっているか否かで区別しているお店もありますが、基本的には同じものです。

呼び名のルーツは江戸時代、つゆをそばにかけて食べるぶっかけそばが登場したときに、従来のつゆにつけて食べるそばを「もり」と呼んで区別するようになったとか。「ざる」は竹ざるにそばを盛っていたことからこの名がつき、「せいろ」はそばを蒸すときにせいろが使われたころの名残りです。

アドバイス

薬味の入れ方

そばの薬味は、わさび、ねぎ、大根、三つ葉、しそ、しょうが、ごま、うずらの卵、海苔などがあり、出される薬味は店によってさまざまです。

まず、そばを少しだけつけ汁につけて食べてみましょう。このとき、つけ汁の濃さを確認し、好みで薬味を入れて調節するようにすると、間違いがありません。

入れるときは、薬味の入った器を左手に持ち、つけ汁の中に入れます。器を置いてから小鉢の中を軽くかきまぜます。

つけそばの上手な食べ方

そばは音を立てて食べてもOKですが、「ズルズル」ではなく「ツルツル」のほうが上品です。コツは、一度にあまり多くそばを取りすぎないことです。

つけそば

薬味をつけ汁に入れ、そば猪口を手に取り、そばの中央(上)から取ってつけ汁につけましょう。一度に取るそばは、6本くらいが目安です。

最後に残ったそばは、きれいに食べきるようにしたいもの。箸をまっすぐ立てて使うと取りやすくなります。

そばの風味が消えないよう、先のほうだけつけ汁につけるのが粋とされていますが、汁はたっぷりつけてもかまいません。
勢いよくすすりすぎて、つゆがはねないように注意しましょう。

Column 食後はそば湯でしめる

食後に、湯桶に入った「そば湯」が出されますので、残ったつけ汁にそば湯を注ぎ、好みの味に薄めて飲みます。好みで醤油や薬味を加えてもよいでしょう。

【そば湯】
そばのゆで汁のことで、そばに豊富に含まれるルチンという成分が溶け出しています。ルチンは血管を丈夫にしたり、血圧を下げる効果のあるビタミンの一種。白いそばより、実の殻に近い部分を含む黒っぽいそばに豊富です。

天ぷら・うなぎの食べ方 ～専門店でのマナー

寿司・そばと並び、江戸の四大食に数えられる天ぷらとうなぎは、調理中に漂ってくる香りもごちそうのひとつです。できたてを逃さず、すぐにいただきましょう。

和 Japanese cuisine

天ぷらは揚げたてが一番 出されたらすぐに食べる

天ぷら専門店のメニューは大きく分けて二種類。お皿に盛りつけて供される盛り合わせと、揚げたてを一種類ずついただくコース仕立てのものです。

盛り合わせの場合は、手前に淡白なものが、奥に濃厚なものが盛られているので、その順番で食べ進めるとおいしく味わえます。

コースの場合は、揚げたてが供されますが、一般的に出される順番はえび、小魚類、野菜、あなごの順で、最後にかき揚げとご飯、赤出し、香の物で締めくくられることが多いようです。

天ぷらは揚げたてのカラッとした衣が一番の魅力。熱々のうちにいただきます。天つゆにレモン汁を加えたり、あるいは塩をふってそのまま食べるなど、味の変化を楽しむのもよいでしょう。

時間に余裕をもって出かけたいうなぎ専門店

うなぎは調理に時間がかかるので、時間に余裕があるときに店に出かけるようにしましょう。うな重の場合は、ふたを取り内側を上にして向こう側に置いてから食べ始めます。重はテーブルに置いたままでも手に持って食べてもOK。

食べる分を切り分けたら、そのつど適量の山椒をふりかけながら食べます。食べ終えたらふたは元通りにします。

うな丼の場合は、どんぶりをしっかり手に持って。うなぎだけ先に食べるようなことはせず、ご飯と一緒に食べるようにしましょう。

一緒に肝吸いをオーダーした場合は、うなぎに手をつける前にひとくちすすってからうな重を食べ始めるとよいでしょう。箸を湿らせることで、箸にご飯粒がつきにくくなります。

Q&A うな重のふたは重ねてもよい?

大きくかさばるため、つい重箱の下に重ねてしまいたくなりますが、これはタブーです。重にかぎらず、どの器でも同じこと。器のなかにはとてもデリケートで傷つきやすいものや、思わぬ高価なものが用いられている場合があります。取り上げるときも、両手を使うのがマナー。

Column 天ぷらはアルコールと好相性

互いに反発し合うことを「水と油」と言うように、油は水には溶けません。しかし、アルコールには溶ける性質があり、お酒と一緒にいただくことで、天ぷらの油をスムーズに消化してくれます。天ぷらをオーダーし、揚げあがるのを待つ間、つきだし（料理が出てくる前に出される酒の肴。お通し）と一緒にお酒を楽しんでもよいでしょう。

天ぷら・うなぎの食べ方

天ぷらは天つゆ以外に、レモンを加えたり塩で食べても美味。
うなぎは調理法もさまざまで、いろんな味が楽しめます。

重は持っても置いたままがおすすめ。うなぎとご飯のバランスを考えて食べます。

出された順に、熱々をいただきましょう。盛り合わせは、接触面をなるべく少なくするように盛られているので、崩さないように手前からいただきます。
えびの尾は食べても残してもかまいません。食べ残しは懐紙で包んで隠しましょう。

Column

うなぎあれこれ

白焼き
酒またはみりんで焼き、蒸したもの。タレはつけず、醤油とわさびであっさりといただきます。淡白な味わいを楽しむためには、濃厚な蒲焼きより先にいただくほうがよいでしょう。

肝
うなぎの肝臓と胃袋のこと。胆のうは苦いので取り除いてあります。串に巻きつけるように刺し、炭で焼いたあとに、たれにつけて出されます。

肝吸い
うなぎの肝臓を具にした吸い物。すまし汁仕立てのものがほとんどで、さっとゆでた肝臓と、麩などが入ります。

う巻
卵焼きの中にうなぎの蒲焼きを芯にして入れ、巻いたもの。うなぎ屋だけでなく、そば屋で出してくれるところもあります。

まむし
うなぎご飯のことで、主に大阪ではこの名で呼ばれています。名前の由来は、うなぎを蒸して油を抜く「真蒸す」からの転語説のほか、蒲焼きを切ってご飯に「まぶす」からだともいわれています。

One Point

味の変化でおいしさ倍増　天つゆ・塩・レモン

塩
天ぷらを箸で持って直接つけると分量の調節が難しいので、手でパラパラと振りかけるのがおすすめ。塩に抹茶を加えたひき茶塩などを置く店もあります。

レモン
レモンを直接天ぷらにかけると早くしなってしまうので、天つゆに絞り入れたほうがベター。果汁が飛び散らないように左手で覆って。

天つゆ
好みで大根おろしやおろししょうがなどを加えて軽く混ぜます。つけるのは先のほうだけ。全体を浸してしまうとサクサクの食感が損なわれてしまうので注意。

いろいろな和食
食べ方のマナー

食べ方に戸惑ってしまいそうな料理を集めました。知っておくと、いざというときに役立つはず。

鮎の姿焼き

姿も香りもよいことから「川魚の女王」「香魚」などと呼ばれる鮎は、初夏に旬を迎えます。
きれいに中骨を抜くことが、スマートな食べ方のポイント。

【鮎の骨の抜き方】

1 まず、どうを箸でぎゅうぎゅうと左から右へ押していきます。そして尻尾を切り離します。

2 次に、鮎の背を箸で数回、尾にかけて押さえます。

3 少し切れ目を入れ、頭と背骨を一緒に抜くつもりで背側と腹側から軽く押さえながら、左手で静かに頭を抜いて中骨を抜きます。骨抜きは、熱いうちほどラクにできます。

4 天然の鮎はきれいに骨抜きができますが、養殖ものは外れにくいので、無理をせず焼き魚と同様にして食べます。

さざえのつぼ焼き

たいていは、食べやすく身がカットされていますが、そうでない場合は左手で懐紙を持って殻を押さえながら、箸や串を使って身を回して取り出します。

カットされた身が殻に詰めてある場合は、箸で身をとり、いったん小皿に移して食べます。

殻つきのえび

半身に切り、食べやすいように包丁を入れて出される場合がほとんどですが、殻つきのまま丸ごと出されることも。手で殻をむき、手で食べましょう。好みでレモンを絞ってもよいでしょう。おしぼりが一緒に出されたときは手を使って殻をむいてもかまいません。

手で殻をむき、むいた殻や頭は隅にまとめて置きます。噛み切る場合は懐紙で口元を隠して。

かに

脚が1本のまま出された場合は、関節を逆に曲げるようにして2つに折ってから食べます。かにの脚と爪には、あらかじめ裏側に包丁で切れ目が入れてあります。

カニ専用のピックか、なければ箸を使ってかき出します。身がかき出しにくいときは、切れ目に両手の親指をかけ、開くようにします。

皮つきの豆

皿の上で皮から半分ほど豆を押し出し、口元へ持っていき食べます。残った皮は皮入れの器に入れましょう。なければ皿のすみにまとめるか、懐紙に包んでおきます。

枝豆やそら豆は、外皮から出すときに豆が飛び出ないように注意。ふだんから食べ慣れているからといって油断は禁物です。

おせちとお屠蘇

One Point

おせち料理の食べ方

まず、お屠《と》蘇《そ》をいただき、そのあとでおせち料理に箸をつけます。重箱から2～3種類を少量ずつ、形を崩さないように端から取り皿に取っていきます。おせち料理はあまり大量に食べるものではありません。年始回りの際に訪問先で出された場合は、箸をつける程度にとどめましょう。

おせち料理は、年の初めに一年の無病息災を願って食べる行事食。お屠蘇は、肉桂、山椒、桔梗などの薬草を粉末にして袋につめたものを日本酒かみりんに浸した祝い酒で、おせちとともにいただきます。

じゅんさいの酢のもの

箸でつかめない場合は、器に口をつけてすすってもかまいません。勢いよくすすりすぎて、酢にむせないように注意しましょう。

つるんとした食感が魅力のじゅんさいですが、それが食べにくい原因に。箸でつかめないことが多いので、器に直接口をつけてすすってもよいでしょう。

アドバイス

鍋奉行の心得

おいしい鍋を作るには、火加減や具の煮え具合を管理する「鍋奉行」の存在が必須です。鍋奉行になるためのポイントは以下の5つ。参考にしてみてください。

1. 肉や魚などだしの出るもの、火の通りにくいものは先に入れる。葉ものは火が通りやすいのでさっと煮る程度でOK。
2. 肉や魚介、貝が主役の鍋のときは、先に食べてから野菜を入れる。煮込むと硬くなってしまう。
3. 具は一度に入れず、食べるぶんだけ入れる。
4. 材料を加えたら火を強め、煮立ったら弱めるなど、鍋の温度を一定にキープ。
5. アクの出やすいものを入れたときは、玉じゃくしでひんぱんにすくう。

寄せ鍋

上席あるいは目上の人から手をつけるようにします。あらたまった席では直箸は避け、取り箸を使いましょう。
具を取り分けるときは取り皿を鍋に近づけ、こぼさないように注意します。一度にたくさん取る、好きな具だけを取る、箸をなめる、一度手をつけたものを鍋に戻すなどの行為もタブーです。

すき焼き

基本的なマナーは寄せ鍋と一緒。取り皿に生卵を溶き、そこに具をくぐらせていただきます。肉をまず焼いて（煮て）食し、次に野菜などを順番に供する場合がありますが、家庭では具材全部を焼く（煮る）場合もあります。

Column

すき焼き 関東・関西の違い

【関東】

「割り下」と呼ばれるタレを鍋に入れ、そこへ肉と野菜を一緒に煮ます。割り下は、しょうゆ5：みりん2：だし汁2：酒1の割合が一般的です。焼くというより「煮る」感覚。


【関西】

熱した鍋に牛脂をひき、肉を焼いてから砂糖と醤油を入れ、野菜を加えて煮ます。割り下は使いません。煮詰まってきたら、そのつど酒や水を足して味を調整します。

One Point

しゃぶしゃぶは煮すぎない

スープがふつふつと煮え立つくらいの火加減にし、肉を入れて2～3回泳がせます。肉は煮すぎず、薄い桃色に変わったくらいが食べごろ。鍋から取り出し、ポン酢かごまダレにつけていただきます。アクはこまめに取って。

粉もの料理のおいしい食べ方

日本の粉もの料理が大集合！
熱々をほおばる幸せは何ものにも代えがたいもの。
とくに食べ方の決まりはありませんが、焼き方や食べ方など、
知っているようで知らないものも多いのでは？

お好み焼き

【広島風】
具を混ぜず、卵、中華そば、豚肉、もやし、キャベツ、生地の順に重ねて焼く広島風お好み焼き。通常はお店の人が焼き、上からソースや青のり、マヨネーズをかけて出してくれます。

食べ方
箸で食べるほか、小さいコテを使って食べても。コテのすみにお好み焼きをのせ、はみ出た部分を口に入れれば熱くありません。

【関西風】
オーダーするとキャベツなどの具が入った生地が出されるので、それを自分で混ぜ、鉄板で焼きます。ひっくり返すのは1回だけ。上からギュウギュウ押すと生地が硬くなってしまうので避けましょう。

食べ方
ソースをぬり、青のり、かつおぶしなどを振っていただきます。食べかけにソースをぬるときは、口をつけた部分にハケが当たらないような配慮を。

明石焼き

たこ焼きの元祖ともいわれる兵庫県明石市の名物。卵、小麦粉、浮粉を混ぜたふわふわの生地にたこを入れて焼いたもので、だし汁につけて食べます。柔らかく落としやすいので、だし汁の器を胸元まで持ち上げていただきましょう。

たこ焼き

ソースや青のり、かつおぶしのほか、お好みでマヨネーズをかけて食べます。熱くてやけどしそうな場合は、串で頭の部分を軽くつつき、穴をあけておくのも一法です。

もんじゃ焼き

野菜とだし汁で薄くのばした生地を焼き、小さなヘラでいただくもんじゃ焼き。関西風お好み焼きと同様、自分で焼いて作りますが、初めての人は戸惑うことも多いはず。基本的な作り方をマスターしましょう。

作り方
①だし汁を残し、具のみを鉄板にのせてヘラで切りながら炒め、具でドーナツ状の土手を作ります。
②その中にだし汁を2～3回に分けて入れ、粉が下にたまらないようにかき混ぜます。
③ドロッとしてきたらソースを加え、火が通って透明になってきたら具とよく混ぜます。
④生地を薄くのばし、焦げ目がついたら完成。お好みで七味唐辛子、青のりをかけても。

食べ方
はがし（小さなヘラ）をもんじゃの端にあて、鉄板に押しつけるようにしてひと口ずつはがし取り、そのまま口に運びます。

第3章

中国・エスニック料理のマナー

細かい決まりごとの少ない中国料理ですが、
だからこそ身につけておきたいマナーがあります。
また、最近では韓国料理をはじめ、
アジア各国の本格的なお料理を楽しめるようになりました。
基本を押さえておきましょう。

中国料理の種類と特徴

中 Chinese cuisine

中国料理を地方別に分けると、その数は36以上にものぼりますが、そのうち日本人になじみのある料理は4つ。各地方の気候風土が独得の食文化を育みました。

中国料理は地方によって大きく4つに分けられる

ひとくちに中国料理といっても、種類はさまざまです。日本の26倍という広い国土を誇る中国は、各地方によって気温や風土の自然条件が大きく異なるため、料理に使う食材も調理法も、地域によって違ってくるからです。

そのなかでも日本人になじみ深い料理は、北京《ペキン》料理、上海《シャンハイ》料理、四川《しせん》料理、広東《カントン》料理の4つ。これらはまとめて四大中国料理と呼ばれ、それぞれ全く異なる料理として幅広く親しまれています。

四大中国料理の特徴とは？

北京料理は小麦粉を始めとする「粉」から作る料理が多く、水餃子《ギョウザ》はその代表選手。冷涼な地域であるため鍋料理も盛ん。また、鴨や羊などの肉類や、ニンニク、ねぎを多く使用することでも知られています。

上海料理は、長江《ちょうこう》（揚子江《ようすこう》）で捕れた魚介類を使った料理がメインで、秋から冬にかけて旬を迎える「上海がに」は特に有名。醤油、酒、砂糖を使った濃厚な味つけの煮込み料理が多いのも特徴です。

四川料理は山深い地域のため、発汗作用を促す花椒（中国の山椒）や唐辛子などの香辛料を多く使った料理が発達したといわれています。新鮮な海産物が手に入りにくいため、ふかひれやなまこなどの保存のきく乾燥食品や漬け物作りが発達しました。

広東料理は中国南部の代表的な料理。海に面しているため魚介類が豊富で、素材の味を生かしたあっさりした味つけは、和食と通じるところがあり、日本でも人気があります。

食材選びや調理法など、それぞれに奥深いのが中国料理です。

Q&A 食事中に中国茶を飲んでもいい？

中国式では、食事中にお茶を飲んでもお酒を飲んでも、どちらもよしとされています。また、水代わりにお茶を飲むのは、お茶には油を溶かす役割もあるからです。
ただし、食事中にお茶を飲む場合でも、最初の乾杯までお茶で行なうのは失礼にあたります。少量でもかまわないので、お酒をついだグラスで乾杯は行なったほうがよいでしょう。
中国茶の茶葉の種類は豊富にありますが（P126参照）、食事中なら香りの少ないウーロン茶、食後には香りの強いジャスミン茶などがおすすめです。中国茶は無料サービスの場合と有料の場合があります。

中国の代表的な料理

広い中国では、地方によって食材や料理が大きく異なります。

そのうちの、四大料理の代表的なものは基礎知識として覚えておきましょう。

【上海料理】
長江で捕れる魚介類を使った料理が豊富。米作りも盛んで、米を主な原料とした酒、酢、しょうゆなどの醸造が発達しました。
しょうゆと砂糖を使った味つけが特徴で、豚の角煮などに代表されるような、こってりとした煮込み料理が多いのが特徴です。
●代表料理
豚の角煮、小籠包、生煎饅頭(豚肉入り焼き饅頭)、カニの老酒漬けなど

【北京料理】

北京は中国の首都。地方から赴任してきた官吏に伴ってやってきた料理人たちによって、各地方の味がミックスされて現在の北京料理になりました。小麦粉などの粉食が多く、塩の効いた濃厚な味つけ、強火で一気呵成に炒め上げる「爆」の調理法などが特徴です。
●代表料理
北京ダック、羊肉のしゃぶしゃぶ、燕の巣のスープ、餃子、饅頭(マントゥ)、包子(パオズ)など

【広東料理】

素材の持ち味を生かした淡白な味つけが特徴。鎖国政策をとっていた清の時代にも外国に門戸を開いていたため、ソースやケチャップなどの調味料、ふかひれやつばめの巣などの高級食材、南国の果物やタピオカなども使用。飲茶の発祥の地としても知られています。
●代表料理
ふかひれやあわびのしょうゆ煮、仔豚の丸焼き、酢豚、牛肉のオイスターソース炒め、点心など

【四川料理】

山に囲まれた地域のため、冬場の寒さを乗り切って食欲をうながすように山椒や唐辛子などの香辛料をふんだんに使った料理が発達したといわれています。

海が遠いため、海産物には乾物が使われます。漬け物作りもさかんで、ザーサイは四川の名物です。
●代表料理
麻婆豆腐、担々麺、棒棒鶏、海老のチリソースなど

topics

出された料理にはすべて手をつけるのがマナー

食材や調理法のスケールが違う中国では、お客様をもてなすときには、食べきれないほどの量を出すことがホスト側の礼儀といわれることもあり、残すことはマナー違反ではありません(もちろん、すべて食べても問題はありません)。

食べ残すことよりもむしろ、出された料理にはすべて手をつけるのがマナーです。食べきれないと思ったら、ひとくちずつでも味わいましょう。

これは、その昔中国では毒殺が多発し、すべての料理を食べることが相手を信用することにつながったということに由来しているそうです。

コースの流れとオーダーのしかた

中国料理は油を多く使うので、すぐお腹いっぱいになってしまう人も多いはず。皿数が少なめのコースをオーダーしておき、足りないようなら追加で頼んでもよいでしょう。

中 Chinese cuisine

前菜からデザートまで中国料理にもコースがある

フランス料理や日本の会席料理と同様、中国料理にも一通りのコースがあります。

品数の多いコースの場合、①前菜、②スープ（濃厚なもの）、③主菜（魚・肉料理）、④スープ（淡白なもの）、⑤主菜、⑥ご飯・麺類、⑦点心、⑧デザートの順番になります。

中国では偶数が縁起がよいとされているため、主菜の皿数は偶数になりますが、日本の中国料理店のコースでは、④や⑤などは省略される場合が多いようです。

大皿料理を取り分けて食べる

中国料理の一番の特徴は、大皿に盛られた料理をめいめい取り分けて食べるという点。料理の皿数や内容の異なるいくつかのコースがお店に用意されていたら、同席者と相談してどれにするかを決めましょう。

料理は一般的に、淡白な料理から濃厚なものの順番に出されます。

オードブルが食べきれない場合は、そのままテーブルに残しておき、主菜の間に食べてもかまいません。

One Point　アラカルトでオーダーするときの注意点

中国料理のメニューは、「肉料理」「魚料理」……と素材別に分かれているのではなく、「煮込み」「揚げ物」「炒め物」「蒸し物」のように調理法別に分かれています。したがって、アラカルトで頼む場合は、素材が重ならないようにオーダーすることが一番のポイントになります。注文するときの目安としては、人数分の皿数をオーダーするとよい、といわれています。
また、メニューには「○人前」という記載はなく、「小盆」「中盆」「大盆」と書かれている場合がほとんど。小盆は2～3人前、中盆は4～5人前、大盆は小盆の2倍と考えてください。

一般的なコースの流れ

日本で食べる中国料理は、フレンチなどのコース料理のように、前菜に始まりメインを経てデザートで締めくくる大きな流れを踏襲していますが、ひとくちに「主菜」といっても4～5品数も出てくることがあります。

①前菜

4～8種類ほどの料理を、材料・味つけ・色を工夫して1枚の皿に盛り合わせる場合と、何枚かの小皿に分けて並べる場合があります。宴会では鶴や龍などのおめでたい柄をあしらっていることも。主に冷たい料理が出され、一般的なメニューは棒棒鶏やくらげなど。

②湯（スープ）

ふかひれやつばめの巣などの高級食材を使ったスープは、お腹がいっぱいにならないうちに、前菜のあとに出されるのが一般的。品数が多いコースではスープが2回出されることがありますが、その場合、2回目のスープは卵スープなど軽いもので、ご飯や麺類の前に出されます。

③大菜（主菜）

素材や調理法を変えた料理が4～5品出されます。同じタイミングで何品か出されたときは、薄味のものから手をつけるとおいしくいただけます。

④ご飯または麺類

炒飯や焼きそば、汁そばなどが出ます。

⑤点心

コースの最後に出されるのが基本ですが、品数が多いコースの場合は途中に挿入されることも。春巻やシュウマイ、餃子などの塩味のものと、ごま団子などの甘いものがある。

⑥甜菜（デザート）

杏仁豆腐、マンゴープリン、くるみあんの汁粉、タピオカのココナッツミルクなど。点心のなかに組み込まれている場合もあります。

Column 中国語表記のメニューの意味

中国料理の場合、料理名の漢字一文字で、それがどんな料理なのか見当をつけることができます。右記の漢字の意味を覚えておくと役立つシーンも多いはずです。

湯（タン） スープ

炒（チャオ） とろみをつけた炒め物

煎（チェン） 少量の油で焼き焦げ目をつけた料理

爆（パオ） 高温の油で一気に炒めたもの

炸（ジャー） 揚げ物

溜（リュウ） あんかけ料理

煮（ウェイ） 煮物

蒸（ジェン） 蒸し物

醉（ツゥイ） 酒蒸し・酒漬け

凍（ドン） ゼラチンなどを使って寄せたもの

灼（ヂュオ） ゆでたもの

糕（カオ） 直火焼き

拌（パン） 酢の物

円卓の席次とテーブルセッティング

中国料理店では、ターンテーブル(回転台)付きの円卓を数人で囲んで座るのが一般的です。中国料理でもレディファーストが基本なので、目上の女性から順に着席します。

Chinese cuisine 中

主賓が座る「上席」は入り口から一番遠くに

中国料理の一番の特徴は、ターンテーブル付きの円卓です。席次は、入り口から見て一番離れた席が上席。上席の後ろには額などがかかっている場合が多いので、それを目安にしてもよいでしょう。サービスは上座から順に行なわれるので、あらたまった席の場合はスタッフに確認しておくと安心です。

本場中国では主賓席から時計回りに席次が下っていきますが、日本では左図のように、上座の両脇が主賓に準ずる人の席になります。また、円卓には男性と女性が交互に座るようにしたほうがよいでしょう。

テーブルセッティングはごくシンプル。中国式では箸を縦に置くのがマナーですが、日本式に横に置く店もあるのであまりこだわらなくてもよいでしょう。

中国料理のテーブルセッティング

手前に箸と箸置き、受け皿、レンゲを置き、奥にコップ、酒杯、小皿を置くのが一般的。中国式は箸を縦に置きますが、店によっては和食と同じように箸を横に置くところもあります。

中国料理の席次

■円卓の席次

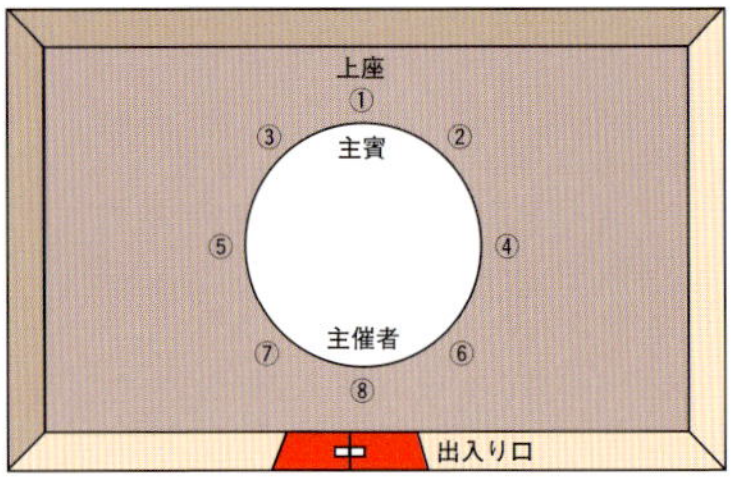

一番奥を上座とし、第2席は上座から見て左側、右側が第3席となり、以降、左→右の順で席次が進み、出入り口に一番近い席が下座になります。
なお、窓からの眺めがよいときなどに、一番よく見える席を上座とする場合もあります。

■角テーブルの席次

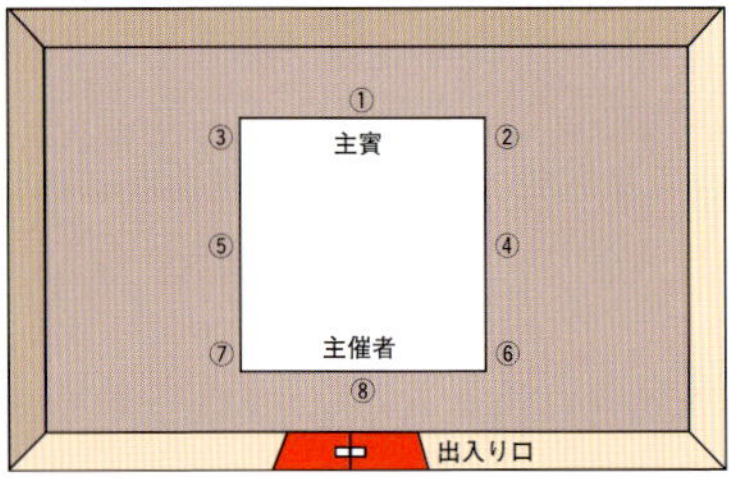

角テーブルの場合も円卓と同様、主催者の両脇に主賓に準ずる人が座ります。第2席は上席から見て左側を、第3席は右側を指すのが一般的。

ターンテーブルの扱い方

中国料理の特徴は、なんといってもあの丸いターンテーブルです。高さのあるものやテーブルからはみだしたサーバーなどは、倒れたり他の食器に引っかけたりするので、細心の注意を払いましょう。

アドバイス

サーバーの使い方

料理をこぼさないように取り皿をテーンテーブルに近づけ、右手にスプーン、左手にフォークを持ち、フォークでスプーンの上に料理をのせ、取り皿にあけます。

使い終わったらフォークとスプーンを合わせ、右横に伏せておきましょう。はみ出た柄がターンテーブルを回した際にピンなどを引っかけてしまわないよう注意します。

【ターンテーブルの回し方】

ターンテーブルは時計回りが原則。料理を取ったら、左隣の人にテーブルを回しましょう。1回りしてもまだ料理が残っているようなら、左右どちらかに回して近いほうから料理を取ります。

Column

ターンテーブルは日本で生まれた

中国料理独特のターンテーブル。てっきり料理とともに中国から輸入されたと思いがちですが、実は発明したのは日本人。目黒雅叙園の創業者である細川力蔵氏です。

本格的な北京料理と日本料理の料亭を開いた氏は、一部特権階級だけが利用していた従来の料亭と異なる「全員が平等にセルフサービスで食事ができる」料亭を目指し、ターンテーブルを考案したと言われています。

それが中国料理の特性にあっていたのでしょう。現在では国内はおろか、本国でも多くの中国料理店で利用されています。

Q&A 片手でサーバーを使いたいのですが……

給仕のように片手でサーバーを使うときは、写真のようにトングをイメージして。スプーンを下にフォークを上にしてはさみます。ただし、この方法はよほど慣れている人でない限りやらないほうが無難。カチャカチャと大きな音を立ててしまったり、サーバーをお皿の上に落としてしまうおそれもあるので、無理をせず、両手で持って料理をとりましょう。

ターンテーブルは時計回りにゆっくり回す

料理は、主賓か一番目上の人から取り分けるのがルールです。料理が主賓から遠いところに置かれた場合などは、ターンテーブルを回してあげるようにしましょう。

ターンテーブルは時計回りに回すのが基本。自分の前までターンテーブルを静かに回したら、人数と分量を考えて自分の分を取り分け、次の人に回します。このとき、サーバーや取り皿は、ターンテーブルからはみ出さないように。はみ出たままターンテーブルを回すと、グラスを倒してしまうおそれがあるからです。

苦手な料理は取らなくてもかまいませんが、次の人に「どうぞ」と声をかけてから回す配慮を忘れずに。また、自分が料理を取るときには「お先に失礼します」とひと声かけると親切です。

中国料理での器と箸の扱い方

中国料理は、日本同様箸を使うのでなじみやすいのですが、それが災いして器の扱い方まで日本と同じようにしたらマナー違反。似ているけど微妙に違うマナーを心得ておきましょう。

中 Chinese cuisine

取り皿は持ち上げず料理ごとに取り替えて

中国料理を食べるときは、基本的に器は持ち上げません。もちろん料理を取り分けるときも、器は置いたままです。

また、中国料理では1枚の取り皿に異なる料理をのせるのもNGです。取り皿は何枚使ってもよいものですから、味が混ざらないように、新しい料理ごとに取り替えましょう。ただし、数種類の料理が1枚の大皿に盛り合わせになった前菜や、取り皿があまり汚れていないときなどは、1枚の皿をそのまま使い続けてかまいません。

なお、円卓に新しい取り皿がなくなったら、お店の人に頼んで持って来てもらいます。

センスアップ

ちりれんげの扱い方

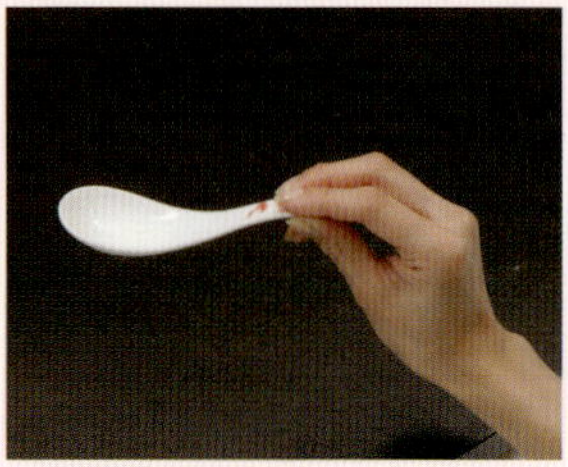

■持ち方

ちりれんげの柄に人差し指を当て、親指と中指でつまむようにして持ちます。

■使い方

●汁そば

汁そばを食べるときは左手に持ち、受け皿代わりにして使います。箸でそばを取ってちりれんげにのせ、ひとくちサイズにまとめて食べます。その際、不安定なようでしたら、右写真のようにちりれんげを持ってもいいでしょう。

●スープ・ご飯

スープやチャーハンは、手前からすくって手首を向こう側に曲げ、ちりれんげを垂直にして口に運びます。

アドバイス

箸の取り上げ方

箸を右手で取り上げ、左手→右手と持ち替えて取る日本と違い、中国式は箸を持ち替えません。箸が縦に置かれていたら、柄のほうをテーブルから少しはみ出るように置き、はみ出た部分を下から持ち上げて取ります。箸を持つ位置は、真ん中よりやや上に。

卓上調味料の取り方

醤油や酢などの調味料は、円卓の上に置かれています。使うときは、料理をとるときと同じようにターンテーブルを右回りに回しましょう。勢いよく回しすぎて調味料を飛ばしてしまうことのないように注意。

NG集　中国料理のマナーNG集

フランス料理や日本料理のように堅苦しい決まりごとがないのが中国料理の気安いところ。それでも、最低限守りたいマナーはあります。

サーバーをターンテーブルからはみださせて置く

知らずにターンテーブルを回し、コップやビンに引っかけて倒してしまうことがあるので、注意しましょう。

立ち上がって料理を取る人の分まで取り分ける

遠くに置いてある料理を立ち上がって取るのはマナー違反です。自分の前に料理がくるようにターンテーブルを回しましょう。同様に、他の人の分を取り分けるのもタブーです。

調味料などをターンテーブルからおろしたままにする

ターンテーブルの利点がいかせません。サーバーや取り箸など、皆で共用のものは必ずターンテーブル上に。

食べ終えた取り皿をターンテーブルの上に置く

食べ終えた皿、取り皿、酒、グラスなどはターンテーブルの上に置かないで。ターンテーブルは料理を回すためのものと心得ましょう。

フーフー息を吹きかける

熱い料理が多い中国料理ですが、だからといってはばかりもなくフーフー料理に息を吹きかけるのは、マナー違反です。

他の人が料理を取り分けているときにターンテーブルを回す

ターンテーブルを回す前に、同席者が料理を取り分けている最中でないかどうか確認しましょう。

中 Chinese cuisine

楽しくムードを味わう中国料理

円卓を取り囲み、みんなでワイワイ食べられるのが中国料理。マナーを守っておいしく楽しく食べましょう。

前菜

ひと皿に盛り合わせて出される場合と、小皿に数種類の料理を並べる場合があります。

美しい盛りつけを崩さないように、手前から取っていきます。好きな物ばかりを集中的に取るようなことはせず、まんべんなく取るようにしたいもの。

スープ

器に直接口をつけて飲んではいけません。音を立てないように具と一緒に食べられるようになれば上級者。

器はテーブルに置いたままちりれんげでスープを手前からすくい、手首を向こう側に曲げて、ちりれんげを垂直にして食べます。

冬瓜のスープ

冬瓜自体を器として使うことも多いダイナミックな料理。内側の白い部分にスープがしみ込んでとろけるおいしさです。

器になっている冬瓜の内側の実もスープ皿に取り分け、ちりれんげで食べます。

かにの爪

大皿から取る際、箸がすべって取りづらい場合は、爪の部分を手で持ち上げて取り分けましょう。

爪の部分を左手で押さえ、身を箸で切り分けながらひとくち分ずつ食べるようにするとスマートです。

One Point

中国式フィンガーボウルの使い方

殻つきのえび、骨のある肉料理、饅頭《まんじゅう》、北京ダックなど、手で食べてよいとされる料理には、その合図としてフィンガーボウルかおしぼりが添えられます。フィンガーボウルには、中国茶が入っていることも多く、ひとりずつではなく、大きなボールに入ったまま、皆で回して使うこともあります。指についた油分を洗い、肉や魚介類の臭みを消す効果があります。

フィンガーボウルに片手ずつ指先だけつけるようにして洗い、ナプキンで拭きます。

殻つきのかに

フィンガーボウルかおしぼりが添えられて出てきたら、殻を手で剥いて食べましょう。

殻つきのえび

豪快に手でむいて食べます。なお、蒸しえびの場合は、頭と胴の間にあるミソを吸っても無作法にはなりません。

両手でえびの殻をむき、箸でひとくち大に切りながら食べます。

One Point
殻や骨は専用の皿に入れる

カニやエビの殻、魚や鶏の骨など、食べられない部分が多い料理には、たいてい専用の殻入れ(壺)が出されますので、残った骨や殻はここに入れるようにしましょう。自分の取り皿に置いたままにしないように。

魚の姿蒸し

身が柔らかくて取りづらいときは、お店の人に頼んで取り分けてもらいましょう。中国式では頭の部分は主賓に差し上げます。

中央にサーバーで切り目を入れ、骨を外して頭に近いほうから取り分けていきます。口の中に小骨が残ってしまったときは、目立たないように手に出します。

骨付き鶏肉の丸揚げ

カットせずに出された場合は、備え付けのナイフで切り分けるか、お店の人に頼んでカットしてもらいましょう。

基本的には箸で食べますが、鶏の部位によっては手で持ったほうが食べやすい場合も。骨がついているので、小骨が口に残ったら手で受け、取り皿のすみにまとめます。

北京ダック

北京の代表的な料理。香ばしい北京ダックと甘い甜麺醤《テンメンジャン》(中国の甘味噌)のコンビがたまらないおいしさです。

取り皿の上に包み皮をのせ、中央より少し下から上に向かって幅2cmほど甜麺醤をぬり、その上にネギやキュウリのせん切り、北京ダックの順にのせます。
包み側の手前を向こう側に折り、左右を内側に折り込んだら完成。

中の甜麺醤や具がこぼれないように折っているほうを向こう側にし、手で包むように持って口に運びます。

フカヒレの姿煮

中国では古来から不老長寿の食材として珍重されてきた「鮫《フカ》のヒレ」を使った、コラーゲン豊富な高級料理です。

身がやわらかいので、崩れないように注意しながら手前から取り分けて食べます。付け合わせの野菜もいただきましょう。

レタス包み

ひき肉などの具をレタスで包んでいただくヘルシーな料理。具を巻いたら、手で包んでいただきます。

1 取り皿にレタスを置き、スプーンで具をのせます。

2 食べやすい大きさに手で巻きます。下から具がこぼれないように注意しながら食べましょう。

チャーハン

サーバーを上手に使って取り分けましょう。スプーンを皿と平行になるように横にすると、すくいやすくなります。

フォークでご飯をかき寄せるようにしてスプーンにのせ、取り皿へ。残りがすくなくなって、すくいづらいときは、皿の手前を持ち上げ、奥からスプーンですくいます。

おこげのあんかけ

ジュワッと立ち上る音と湯気も楽しみのひとつ。あんはお店の人がかけてくれる場合がほとんどですが、自分たちでかける場合もあります。

大皿に盛ったおこげにあんをかけ、一人ひとり取り分けて食べます。

汁そば

ひとくちで食べられる分の麺を箸で取り、ちりれんげで受けながら食べます（P116参照）。こうするとスープをポタポタとたらさずに食べられます。

スープを飲むときは、いったん箸を置き、ちりれんげを右手に持ち替えて飲みます。

Column

汁かけご飯を楽しもう

日本ではご飯に汁ものをかけるのは、家の外では無作法とされていますが、中国料理ではOK。それぞれの味を楽しんだあとなら、かけてもかまわないでしょう。

ただ、馴染みのなことをすると嫌な顔をする人が多いのも事実。同席者に目上の人がいたり、接待などの場合は、かけないほうが無難です。

春巻き

パリパリした食感が身上の春巻きは、温かいうちに食べて。箸がすべらないよう、強めにはさむとよいでしょう。

直接かぶりつくのは、あまり好ましくありません。取り皿の上でひとくち大に切ってから食べましょう。箸がすべるので左手を添えてかまいません。具がはみ出したら、箸で取って食べます。

小龍包（ショウロンポー）

皮の中には熱々のスープがたっぷり入っています。やけどしないように、正しい食べ方を覚えましょう。

箸でちりれんげにのせ、皮を箸で破り、中のスープを先に飲んでから食べます。

大きなシュウマイ

シュウマイや餃子などの点心には、やわらかい料理が多いもの。だからといって箸で突き刺したりしないで。

シュウマイを箸で突き刺したり、かぶりついたりするのはマナーに反します。箸でひとくち大に割ってから食べます。

饅頭（まんじゅう）

点心のなかで手で食べてもいいのは饅頭だけ。熱いので、手をやけどしないように気をつけましょう。

手に持っていきなりかぶりつくのは品のない食べ方。まず真ん中から割ってから、食べやすい大きさにちぎって食べます。

ふたつき中国茶

種類さまざまな中国茶。日本では食後にお茶をいただきますが、中国では食事中に何杯もおかわりして飲みます。

茶碗の中に茶葉とお湯が入っているので、ふたを少しずらし、茶葉が口に入らないようにして飲みます。

お茶をお代わりする場合は、急須のふたを半分ほどずらしておくか、ひっくり返しておきます。

飲茶（ヤムチャ）の楽しみ方

もともとは広州の茶楼が発祥で、それが広東地方全域に広まり、香港へと渡っていった飲茶。豊富な種類のお茶と点心を楽しめます。海外ではDim Sum（＝点心）と呼ぶことも多く、飲茶とすべて同じです。

おしゃべりと一緒にいろんな味を楽しむ

飲茶とは、軽食（点心《てんしん》）を食べながらお茶とおしゃべりを楽しむこと。日本でも中国料理店や飲茶専門店で楽しむことができます。

点心は餃子やシュウマイ、肉饅頭のような塩味のものと、杏仁豆腐やごまだんご、マンゴープリンのようなデザート系のものとに分かれます。おかゆや麺類もあり、その種類は実に豊富です。

お茶で最もポピュラーなのが、ウーロン茶やプーアール茶、ジャスミン茶など。本場中国ではお茶を合わせるのが正式ですが、日本ではお酒を飲んでもかまいません。

点心を食べるときは、普通の料理を食べるときと同様、淡白なものから、濃厚なものへと味わっていき、最後にデザートの順にするとおいしく食べられます。

点心の種類

【塩味の点心】
春巻き／小籠包
シュウマイ／蒸し饅頭
揚げパイ／水餃子
など

【甘い点心】
ごま団子／月餅
羊羹／杏仁豆腐
マンゴープリン
くるみあんの汁粉
白きくらげのシロップ煮
など

Column 中国茶の種類

緑茶
中国茶でもっとも飲まれている種類で、まったく発酵させずに作ったお茶。日本茶の緑茶が「蒸す」のに対して、中国茶のほとんどが「釜煎り」。若々しい香りで後口すっきり。

白茶
白く細かい産毛が生えた茶葉の新芽を自然乾燥させ、ごく弱く発酵させたもの。白っぽいうぶ毛に覆われており、大量のビタミンCとカフェインが含まれています。

黄茶
唐の時代にはすでに皇帝に献上されていたといわれる弱発酵のお茶。お茶というよりは薄いだし汁のような味で、生産量が少なく高価なお茶として知られています。

青茶
半発酵のお茶の総称で、製法、種類ともに幅広く、味わいもさまざま。主な生産地は福建省や広東省、台湾で、烏龍茶や鉄観音も青茶の仲間に含まれます。

紅茶
完全発酵のお茶。発酵茶を好むヨーロッパ人のために、中国で青茶の発酵をさらに進めて全発酵の紅茶を作ったのが英国紅茶のルーツ。キーマンティーやラプサンスーチョンは中国紅茶です。

黒茶
時間を置くほど発酵が進んで味がまろやかになり、また、価値も出る後発酵茶。現在流通している黒茶の多くは人工的に発酵を進めたもの。プーアール茶はダイエット効果があるといわれ、日本でも人気。

花茶
緑茶や青茶、白茶、紅茶に花の香りをつけたり、香りのある花そのものを混ぜたお茶。ジャスミン（茉莉花）茶、桂花（キンモクセイ）茶などがあります。

点心には、大きく分けて、塩味のもの（写真左）と、甘いデザート系のもの（写真下）とに分かれる。それ以外にも、ご飯ものや麺類などの種類も豊富。

One Point

注文のしかた

飲茶での点心の注文のしかたは2つ。メニューを見てふつうに注文するオーソドックスな方法と、フロアを回る点心がのったワゴンから選ぶ方法です。

ワゴンが近くを通ったら呼び止め、実物を見ながら好きな料理をオーダーするのも楽しいものです。

韓国料理の基礎知識

韓国は食事のマナーに大変厳しい国として知られ、儒教の教えに基づく決まりごとも多数あります。その場に韓国の人が同席するときや韓国を訪れた際には、失礼のないように気をつけましょう。

ご飯もスプーンで食べるのが韓国流

韓国料理の一番の特徴は、金属製のスプーンと箸を使って食べるという点。汁やご飯はスプーンで、おかずは箸で……というように、料理によって使い分けるのが韓国流です。

食器は持ち上げず、置いたまま。日本のように器に口をつけて食べる行為はタブーです。

食器の並べ方は、前列にご飯と汁もの、その横にスプーンと箸を置き、奥におかずを並べるのが一般的。まず、膳の上のスプーンを取り上げ、スープが水キムチの汁をすくって飲み、次にご飯、スープ、おかずの順に進みます。

儒教の教えに基づく食べ方のマナー

韓国では、「食事に口をつけるのは、必ず目上の人から」という絶対的なルールがあります。これは「年上の人を敬《うやま》う」という儒教の教えによるもの。また、お酒を飲むときにも、この教えに基づくルールがあります(左ページ参照)。

日本の韓国料理店でも高級店がありますし、韓国の人が同席する場合や、韓国を訪れた際などにはマナーに細心の注意を払うべきです。

topics

スッカラとチョッカラ

韓国料理をいただくときに使う箸を「チョッカラ」、スプーンを「スッカラ」といい、両方合わせて「スジョ」と呼びます。チョッカラは日本の箸よりも長く、スッカラは西洋のスプーンより平べったく円に近い形をしています。

どちらも金属製で、柄が長いのが特徴。通常、韓国の食卓では、チョッカラとスッカラが一対になって、縦にセットされます。

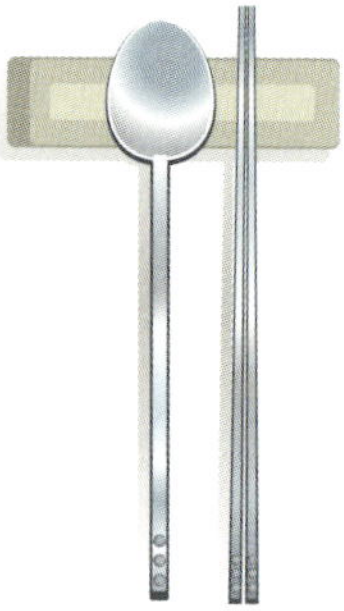

One Point

箸やスプーンを器の上に置かない

食事をとめて箸やスプーンを置くときは、器の上にかけたり、置かないように注意。韓国では食事中は椀の中に入れるようにして置きます。食べ終わったら、膳か箸置きの上に箸とスプーンの両方を置きます。

韓国料理のお膳立て例

1. ご飯
2. わかめスープ
3. 煮魚
4. ジャン（味噌を含む薬味のこと）
5. チゲ
6. 鶏肉の唐揚げ
7. キムチ
8. 塩辛
9. ナムル
10. 薄茶（干菓子）

主食のお米に汁もの、肉や野菜などのおかず、キムチを取り合わせた韓国特有のお膳立てを飯床(パンサン)といい、おかずの数によって3チョップ、5チョップ、7チョップと増減します。チョップとはフタつきのおかずの容器のことで、多くなるほどごちそうになります。

韓国料理の基本的なマナー

●器を持ち上げて食べない
日本と違って、韓国では器を持ち上げて食べる習慣がありません。

●料理に手をつけるのは年長者から
儒教の教えが深く根づく韓国では、年上の人を敬うのは当然のこと。食事のときもその戒律に従い、年長者から手をつけます。

●ご飯をスープにかけてもOK
ご飯に汁ものをかけて食べる、いわゆる「猫飯」は日本では無作法とされていますが、韓国ではOK。ただし、ご飯のほうをスープに入れるのが韓国の流儀。

●お酒を飲むときは顔を背ける
韓国では、目上の人の前でお酒を飲むのはタブーとされています。目上の人からすすめられたら、顔を背けたり、口元をかくして見せないようにして飲みます。

●スプーンと箸を同じ手に持って使わない
スプーンと箸を一緒に同じ手に持つのはマナーに反するので、交互に使うようようにしましょう。使うときは音を立てないように。

韓国料理の種類

ご飯・おかゆ
ご飯は韓国料理の主食。白米のほか、黒豆や麦、大豆などを入れて炊くこともあります。おかゆの種類も豊富で、小豆やかぼちゃ、アワビ、高麗人参などのさまざまな味が楽しめます。

クク
汁もの。ご飯に必ず添えて出されます。野菜や肉、海藻など、中に入れる具は多種多様。

チゲ
鍋もの。キムチチゲやテンジャン(味噌)チゲなどは韓国で日常的に食されているメニューです。ククはあっさりした味つけであるのに対し、チゲは濃厚な味のものが多いのが特徴。通常、1人前で出されます。

チョンゴル
韓国流の寄せ鍋やすき焼きのこと。メインの材料のほか、野菜や麺類、きのこなど、さまざまな具を一緒に煮込みます。通常、3〜4人前で出されます。

チム　チョリム
チム＝蒸し物、チョリム＝煮付け。チムは主菜として、チョリムは付け合わせとして出されるのが一般的。チムもチョリムも、ほとんどのものが醤油で味つけされています。

ナムル
野菜のあえもの。塩や醤油、ごま、ごま油などで味つけしたもの。韓国料理では野菜をたくさん食べます。

チョッカル
塩辛のこと。小魚や貝、エビ、牡蠣などを塩漬けにして発酵させて作ります。おかずとしてただくほか、キムチを作るときにも入れます。

クイ
カルビやプルコギなどに代表される、焼いて食べる料理のこと。タレや塩をつけて焼きます。

ジョン
チヂミのこと。小麦粉と卵で作った衣で平たく焼いた料理。具は、日本の韓国料理店では魚介類やネギなどが一般的です。

マンドゥ
韓国の餃子のこと。ひき肉と野菜などで作った具を皮に包んで蒸す、あるいはゆでて作ります。

焼き肉

韓国料理といえば、なんといっても焼き肉。サンチュやエゴマなどの野菜で包むとヘルシーにいただけます。

肉は焼きすぎず、ひっくり返すのは一度だけ。タンなどの塩焼きから焼き始め、タレ、味噌の順に焼いていくと、焼き網の汚れが最小限にとどめられます。
サンチュやエゴマなどの野菜を一緒にオーダーし、焼き上がった肉を巻いて食べても。箸で肉をのせ、手で巻いて食べます。

One Point

骨つきカルビの食べ方

韓国ではカルビといえばこの骨つきカルビのことを指します。タレに漬け込んだ肉を焼き、網の上で切ってから食べます。

骨付きの状態で焼きます。焼けた肉を左手に持ったトングではさみ、右手に持った専用のはさみでひとくち大にカットし、箸で取ってタレにつけて食べます。

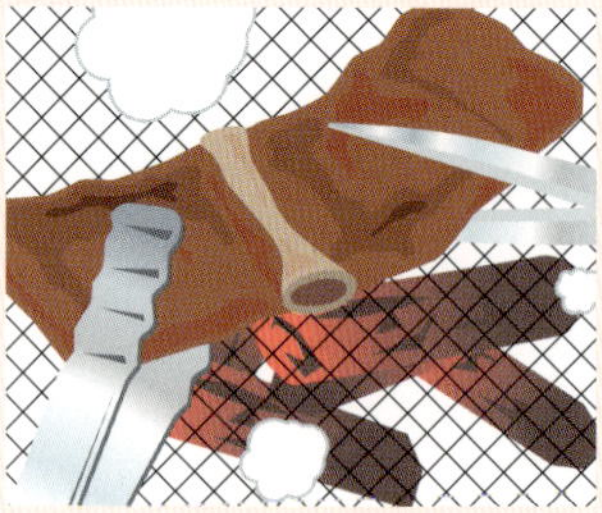

焼肉店のメニュー名から見る肉の種類と部位

	メニュー名	肉の種類・部位
牛	カルビ	牛のバラ肉
	ホルモン	牛の大腸など
	ロース	牛の背の肉
	ハラミ	牛の横隔膜の脇の肉
	タン	牛の舌
	ツラミ	牛ほほ肉
	ハツ・ココロ	牛の心臓
	センマイ	牛の第三の胃
	ギアラ・赤セン	牛の第四の胃
	テッチャン	牛の盲腸
豚	サムギョッサル	豚の三枚肉
	デジカルビ	豚カルビ
	ピートロ	豚の首
	コブコロ	豚の内蔵（子宮）
	ミノ	豚の第一の胃

韓国料理は肉や唐辛子を使った料理が多いのが特徴。衣服に落としてしまうと汚れが取れにくいので注意して。

ビビンパ

韓国語で「混ぜご飯」を意味するビビンパ。ご飯の上にもやしやワラビ、にんじんのナムル（和え物）などを盛って出されます。

添えてあるコチュジャンを好みで加え、スッカラで全体を混ぜ合わせ、そのスッカラで適量をすくって口に運びます。

参《サム》鶏《ゲ》湯《タン》

鶏のお腹に餅米やにんにく、朝鮮人参などを詰めて煮込んだ滋養たっぷりのスープ。具をほぐして食べます。やわらかく煮込んだ鶏肉は骨まで食べられますが、食べられない場合は、テーブルに用意された皿や壺へ入れます。

One Point

味を調整しながら食べる

味を調整しながら食べるのがサムゲタンの食べ方。はじめに、ひとくちスープを飲んで味をみて、キムチで味つけしながら食べる場合もよくあります。テーブルに用意された塩とこしょうで味つけしましょう。

プルコギ

直訳すると「焼き肉」ですが、焼くというより「煮る」料理。甘いタレに漬けた牛肉を焼いて食べます。

プルコギ専用の鍋で焼きます。肉の赤い部分がなくなったら食べ頃。焼き肉と違ってタレにはつけず、キムチやニンニクなどと一緒にレタスなどの葉野菜で包んで食べます。

冷麺

そば粉とでんぷんで作られるコシの強い麺と、酸味の効いたスープが特徴。日本では焼き肉屋に多いメニューです。

スープと箸で食べますが、好みで練り辛子や酢を加えてもよいでしょう。

※麺が長いまま入っている場合は、お店の人がハサミで切ってくれます。

topics

韓国料理の味の決め手「薬念（ヤンニョム）」

薬念とは調味料や香味野菜、香辛料の総称で、韓国料理の味つけのベースになっているものです。主な材料は、唐辛子、にんにく、しょうが、醤油、味噌、酢、ごまなどで、韓国ではこれらを自在に組み合わせて肉や魚介、野菜料理に入れ、料理を作ります。

薬念は料理に複雑な旨みをもたらすと同時に、しょうがやニンニクは風邪予防、酢は疲労回復、唐辛子には脂肪を燃焼して肥満防ぐなどの効果があり、「食べ物は薬である」という韓国の思想『薬食同源』の最たるものでもあります。

韓国料理では、ビビンバや焼き肉を食べるときなど、もうひと味ほしいときにも、薬念で作ったタレを入れて調節します。

ダッカルビ

鶏肉と野菜をコチュジャンだれと一緒に炒める鉄鍋料理。トックと呼ばれる韓国の細長い餅を加えるのが定番です。

最初に鶏肉を焼きますが、焼くときにはねるので、ハンカチなどを胸元にはさんでおくとよいでしょう。キャベツとトックは最後に入れ、火が通ったら、取り皿に取っていただきます。

ケジャン

渡りがにを辛いたれで漬け込んだ、いわば「かにのキムチ」。本場ではパットドッ（ご飯泥棒）ともいわれるほどご飯によく合います。

手で足をもぎ取り、歯で殻を噛みくだいて、中の身をしごくようにして食べます。

Column　キムチの種類

キムチは材料や合わせる食材、季節や地方によってさまざまな種類があり、その数は約190種類ともいわれています。

トンベチュキムチ
白菜キムチのこと。最も基本的なキムチで、地方や家庭によって味も辛さは微妙に異なります。

チョンガクキムチ
小ぶりの大根を葉付きのまま漬けたキムチ。

オイソバギ（オイキムチ）
キュウリを使ったさっぱりとしたキムチ。

カクトゥギ（カクテキ）
トンペチュキムチと並ぶ代表的なキムチ。サイコロ状に切った大根を使います。

ヨルムキムチ
大根に唐辛子、ネギ、ニラなどを加えて作るキムチ。独特の香りがあります。

カバクキムチ
塩漬けした薄切りの大根を唐辛子の粉、ニラ、ニンニクなどで漬けたもの。

ベトナム・タイ・インド料理の食べ方のマナー

近年、日本でも専門店が増えてきたベトナム、タイ、インド料理。それぞれに味の特徴がありますが、堅苦しいマナーは特になし。器を持ち上げずに食べるのはフランス料理や中国料理と同じです。

ベトナム料理

ベトナムは中国文化の影響を強く受けているため、中国式の箸やちりれんげを使って食事をします。箸は日本のように横に置かず、縦に置くのが基本です。器に口をつけてスープを飲む行為はマナー違反とされているので注意。必ずちりれんげを使って飲むようにしましょう。

ベトナム料理は生野菜やハーブをたっぷり使ったヘルシーなものが多いのが特徴。辛いものや脂っぽい料理はなく、全体的にシンプルで薄味なので日本人の口に合うようです。特に、ライスペーパーで野菜を巻いた「生春巻き」、米粉の麺で作るベトナム風うどん「フォー」などは最近は日本でもだいぶ親しまれてきました。フォーを食べる際には、テーブルにセットされているニョクマム（魚醤）や唐辛子の粉を加え、自分で味を調節します。

フォー

One Point
ベトナム料理のテーブルセッティング

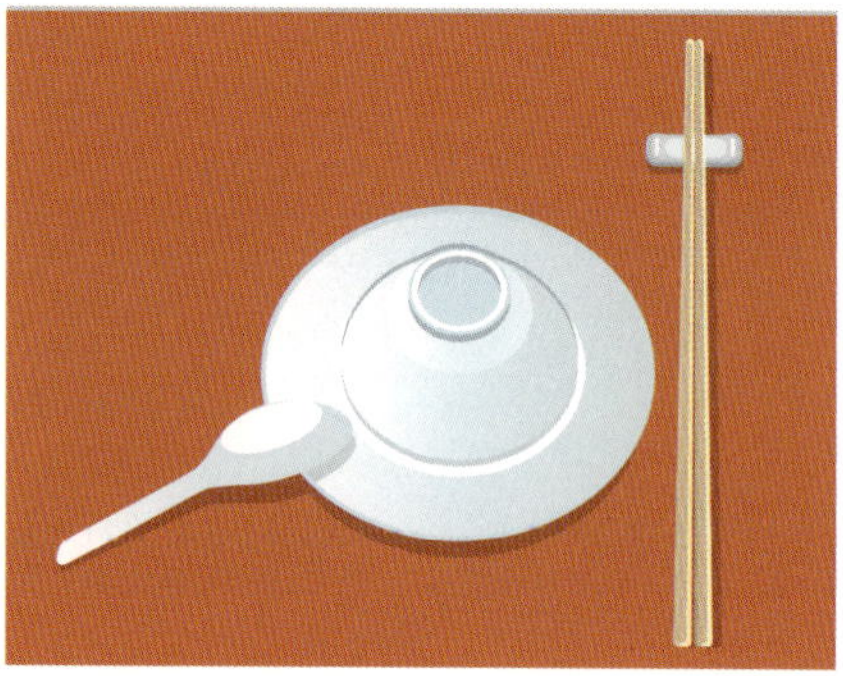

基本のテーブルセッティングは、お皿、お椀、箸、ちりれんげの4つ。箸は縦方向に置きます。

これはNG

ベトナムでは器に口をつけてスープを飲むのはマナー違反。ちりれんげを使って飲むようにしましょう（ちりれんげの使い方はP116参照）。

Column フランスの香りが残るベトナム

かつてフランスの統治下にあったベトナムは、今でも食文化にその時代の名残があります。

その代表的なものがフランスパン。ベトナムのフランスパンは、本場フランスや日本のものとは違い、皮が薄くて中がふかふかとやわらかいのが特徴で、ベトナムの街角では、このフランスパンにハムや野菜などをはさんだ「バイン・ミー」を売る屋台をよく見かけます。

また、町中にカフェが溢れているのもフランス植民地時代の名残り。また、パリにベトナム料理店が多くあるのも、その名残りです。

砂糖の代わりにコンデンスミルクを入れるのがベトナム流コーヒースタイルです。

その他に、トマトを使った煮込み料理や生野菜のサラダなど、欧米スタイルを取り入れた料理も多々見受けられます。フランスに統治される以前は、中国の影響下にあり、その両者から影響を受け、現在のベトナム独自の食文化が生まれました。

タイ料理

世界中にタイ料理のお店は増え、日本でも珍しくなくなりました。料理は辛めが多く、味が濃いものが多いようです。テーブルにはフォークとスプーンが並べられているので、左手にフォーク、右手にスプーンを持って食べます。ほとんどの料理は食べやすいようにあらかじめひとくち大に切られていますが、さらに小さくしたい場合は左手のフォークで押さえながら右手のスプーンで切り、切った料理をフォークでスプーンの上にのせて食べるようにします。

麺料理専門店などでは、クルワンポンといわれる4種の調味料セット（ナンプラー、砂糖、唐辛子の粉、唐辛子入りの酢）が置かれているので、これを加えて自分好みの味に近づけます。

インド料理

インドは日本の8倍という広大な国土をもち、南と北では暑さの度合いも異なるため、料理の食材や味つけも違ってきます。

南インドは魚介が中心で非常に辛い料理が多いのに対し、北インドは肉を中心とした料理で、辛さはマイルド。日本のインド料理店で出される料理はほとんどが北インド料理です。

スプーンやフォーク、場合によってはナイフも使って食べますが、料理を取り分けるためのサーバーと、各自が使うスプーンなどははっきりと区別します。

Column　宗教の違いによる食事の戒律

インドではヒンドゥー教を始め、イスラム教、ジャイナ教、シィク教などの宗教があり、それぞれ食事に対する戒律があります。

ヒンドゥー教では牛は神聖なもの、イスラム教では豚は不浄なものとされ一切口にしないため、料理に使う主な食材は鶏肉、羊肉、山羊肉、魚介類のみ。ヒンドゥー教徒のうち上位カースト者や、ジャイナ教徒は肉全般を食べないためヴェジタリアンが多く、インドではヴェジ（菜食料理）とノン・ヴェジの店がはっきり区別されています。

日本のインド料理店でもヴェジタリアン・メニューを用意しているところが多いのはこのような理由によるものです。

仏教徒の多いタイやラオスでは、旧暦のひと月に4回ある戒律の日には牛、水牛、豚などを食べませんが、この日も肉、鶏なら食べてもOK。

僧侶は一定期間断食をしなければならない決まりがあり、家庭でも信心深いところは断食や肉断ちをすることがあります。

topics

日本のカレーのルーツはイギリスにあり!?

カレーのルーツはインドにありますが、ルウで作るとろっとした「日本のカレー」には、イギリスが大きく影響しています。

その昔、インドがイギリスの植民地だったころ、インドの食文化の基本であるスパイスがイギリスに渡りました。イギリス人は調合の手間を省こうと、あらかじめ数種類のスパイスを混ぜ合わせた「カレー粉」を開発。その後、小麦粉やバターを加えて作るシチューのようなカレーが庶民の間に広まり、これが明治の文明開化の幕開けとともに日本に入ってきました。日本で主流を占める市販のルウは、これが元になっています。

つけ合わせに福神漬を用いたのも、チャツネ(黄桃をスライスして甘酸っぱく煮たもの)をまねたからでしょう(当時の日本には、チャツネがありませんでした)。

フォー

米の麺を使ったベトナム風のうどん。具に鶏肉が入ったものは「フォー・ガー」、牛肉だと「フォー・ボー」になります。

ねぎやもやし、ミント、香菜などを好みでちぎって加えます。ライムを搾るときは、果汁が飛び散らないように左手で覆って。唐辛子、ニョクマム(ベトナムの魚醤)などは好みで加えます。

バインセオ

米粉でできた薄い生地の上に野菜をのせ、二つ折りにしたベトナム風お好み焼き。レタスにのせるときに具を落とさないように注意して。

バインセオを手のひらにのる程度の大きさに切ってレタスの上にのせて包み、ニョクマムのたれをつけていただきます。

生春巻き

ライスペーパーに、きゅうりや肉、エビ、香菜などをのせて巻いたもの。スイートチリソースなどにつけて食べます。

カットして出される場合と、1本そのまま出される場合があります。通常、箸で持って食べますが、大きくて箸で持ちにくい場合は、手で持って食べてもよいでしょう。専用のタレにつけながらいただきます。

topics

ベトナムのスープは冷まして飲む？

ベトナムではスープは熱々のうちに飲まず、食事の一番最後に飲むのが一般的です。冷めたスープをご飯にかけ、ちりれんげで食べます。ただし、これは日本では無作法とみなされる行為ですので人前では避けたほうが無難かも。

トムヤムクン

辛さ、酸味、甘みが一体となったタイの代表料理で、ふかひれスープ、ボルシチ、ブイヤベースと並ぶ、世界の代表的なスープのひとつ。一人分ずつ器に入って出される場合がほとんど。

こぶみかんの葉やしょうがなどの堅くて食べられないハーブ類、香味野菜などはちりれんげで沈め、上のスープをすくって食べます。えびの尾は、器の中に戻し入れておきましょう。

インド料理

インド料理店では料理を1品ずつお皿に盛って出すのが一般的ですが、店によっては「ターリ」と呼ばれる定食風のメニューを用意しているところもあります。

ターリは「お盆」を意味し、カトーリと呼ばれる金属製の小さなボウル状の器にカレーやサブジ(野菜の煮込み)を入れ、ナンやご飯、タンドリーチキンとともにお盆の上にのせたもの。サラダやデザートもこのお盆に盛られます。

タンドリーチキン

ターメリックなどの香辛料やヨーグルトなどに鶏肉を漬け込んで串に刺し、タンドールと呼ばれる窯で焼いたもの。小さいものは手で持って食べてかまいませんが、大きなものは骨に沿ってナイフを入れて身を離し、フォークに刺していただいたほうがスマート。

サモサ

カレー粉で味つけしたじゃがいもやグリーンピースなどの具を、小麦粉で作った薄い皮で三角形に包み、油で揚げたインドのスナック。手に持っていきなりかぶりつようなことはせず、手で二つに割り、食べやすい大きさにちぎってから食べましょう。

カレー

インド料理店では具に鶏肉や羊肉、魚介、野菜を使ったカレーが一般的。ご飯を合わせるときは、サーブ用のスプーンで食べるぶんのカレーをすくってご飯に少しかかるようにのせ、各自のスプーンでひとくち分ずつすくって食べます。

ナン

発酵させた小麦粉の生地を焼いた大きくて平らなパン。通常、カレーとセットでオーダーします。ナンのほか、小麦粉の全粒粉で作る無発酵の薄焼きパン「チャパティ」を用意している店も。ナンもチャパティも、手でひとくち大にちぎり、カレーにつけて食べます。

Column ラッシーとチャイ

インド料理店のメニューに必ずといっていいほどあるのが「ラッシー」と「チャイ」です。
ラッシーはヨーグルトに牛乳または水を混ぜ合わせたドリンクで、砂糖のみを加えたプレーンタイプのほか、バナナやマンゴーなどを加えたラッシーなどもあります。
チャイは牛乳の中に茶葉を入れて煮出し、砂糖で味つけしたインドのミルクティー。しょうがやカルダモン、シナモンやクローブなどのスパイスを加えた「マサラチャイ」も有名です。
ラッシーとチャイに共通しているのは砂糖をたっぷり使っていること。刺激的なインド料理を食べたあとに、こうした甘いドリンクを飲むことで口の中の辛さをやわらげることができます。

第4章

お酒の席のマナー

楽しいお酒の席では、かえってその人の性格や、
日ごろのクセなどが目立つもの。
大人の振る舞いを心がけ、お酒の席ならではの
気持ちのいいコミュニケーションを楽しみましょう。

ワインの種類と選び方

ワインは料理との相性が重要視され、よい組み合わせのものを「よいマリアージュ（結婚）」と表現するほど。よくわからないときはソムリエに相談を。ていねいに対応してくれるはずです。

Drinks 飲

フランスだけじゃない世界各国のワインに注目

ワインは、フランスやイタリア料理を食する際に欠かせないものです。古くから親しまれているのはフランスやイタリアを始めとするヨーロッパ産のワイン。最近ではチリやカリフォルニア、南アフリカなどのワインも広く飲まれています。

料理との相性を考えてワインを選ぶ

ワインの種類は大きく分けて、赤ワイン、白ワイン、ロゼ、スパークリングワイン、デザートワインの5つ。肉料理には赤ワインを、魚料理には白ワインを合わせるなど、基本的な知識を頭に入れておけば選ぶ基準になりますが、元になるブドウの品種や産地、熟成期間などによって味わいが変わってくるため、一概にはいえないのが難しいところ。

また、ワインそのものの味だけでなく、料理との相性も重要なポイントになります。知ったかぶりして頼むのは失敗の元になりますので、わからないことがあればソムリエやお店の人相談してみましょう。

オーダーした料理とワインの好みを伝え、ワインリストから予算に合ったワインを選んで「このくらいでお願いします」と言えばわかってもらえます。オーダーするのは支払いをする人。カップルなら男性、接待であれば接待する側です。

Column
代表的なブドウ品種

【赤ワイン】

●カベルネ・ソーヴィニョン
世界で最も有名な品種で、代表的産地はフランス・ボルドー地方。力強い味わいで、熟成するに伴って香りとコクが生まれるタイプ。

●ピノ・ノワール
フランスのブルゴーニュ地方を代表する品種。糖度が高く、熟成によってきめ細かい口当たりをもつ香り高いワインに。シャンパンにも使われる品種。

●メルロー
代表的産地はフランス・ボルドー地方。やわらかい風味で飲み口すっきり。カベルネ・ソーヴィニョンのブレンド用としても使われます。

【白ワイン】

●シャルドネ
辛口の白ワイン用の品種。キレがよくナッツ類を思わせる芳醇な香り。ブルゴーニュ地方の高級白ワインやシャンパンに使われることも。

●ソーヴィニョン・ブラン
フランスはボルドー地方やロワール地方の主力品種。青草のような独特なフレーバーが特徴。

●リースリング
ドイツワインの代表的な品種で、フルーティな香りと豊かな酸味が特徴。味わいは辛口から甘口までさまざま。

One Point
ワインの種類

●赤ワイン
果皮部分に赤い色素を多く含む黒色系のブドウのワイン。皮、種、果汁を一緒に発酵させます。タンニンによる渋みが特徴。

●白ワイン
ブドウの皮、種を取り除き、果汁だけを使って発酵させたワイン。一般的に低温に冷やして飲みます。

●ロゼ
赤ワイン同様、皮、種、果汁を一緒に発酵させ、液体がロゼ色になったところで皮と種を取り除いたもの。赤と白をブレンドして作る場合も。

●スパークリングワイン
炭酸ガスを含み、発泡性をもたせたワイン。シャンパン、ゼクト、カバなどが有名。

●デザートワイン
デザートコースに入ってから出されるワイン。ポート、マディラ、アイス・ワイン、貴腐ワインなど。

ワインのオーダー方法

ワインは奥が深いため、初心者はへんに知ったかぶりをせず、素直にソムリエに好みを伝えるのが一番。その際、相手に好みが伝わりやすい「キーワード」があるので、覚えておくとよいでしょう。

相手にワインの好みを伝えるキーワード

ソムリエに好みの味を伝える際、ポイントとなる言葉は以下の3つ。赤ワインなら「渋み」「コク」「果実味」、白ワインなら「甘み」「酸味」「果実味」です。

たとえば「渋みが少なくて軽やかな、果実味がたっぷりの赤を」「酸味が適度にあって甘過ぎない、フルーティな白ワインをいただきたいのですが」といった具合に注文すると、ソムリエがそれに沿ったワインを出してくれるはずです。慣れてきたら左表を参考にして、ワインの味をより具体的に表現してみるのもよいでしょう。

ワインを表現するキーワード

アロマ	ワインの香りのこと。具体的にはブドウ自体から出る香りのことを指し、花やハーブ、スパイスの香りで表現します。なお、ワインの発酵、熟成による香りのことを「ブーケ」といいます。
ボディ	ワインのコク（重さ）を表す言葉です。軽いものをライトボディ、濃厚なものをフルボディ、中間のものをミディアムボディといいます。
フルーティ	果実味の残ったワインに使われる表現。一般に、若いワインほどブドウの果実味が残っています。
樽香	フルーティなワインに対して、熟成中に樽の中の香りがついたワインを「樽香のするワイン」といいます。バニラや木の香りで表現します。
タンニン	ブドウの皮や種に含まれる苦味成分のこと。まだ熟成していない、タンニンが豊富な赤ワインは、苦みも強くなります。

One Point 料理別おすすめワイン

●鶏
基本的に何にでも合うので、ソースによって決めましょう。トマトソースなら赤ワイン、レモンとハーブを使ったソースなら辛口の白が合います。

●牛・ラム・赤身の肉
赤いものには赤を合わせるのが正解。ボルドー、カベルネ・ソーヴィニヨン、ジンファンデルなどがおすすめです。

●魚
サーモンやイワナ、マグロなら赤ワイン、とりわけピノ・ノワールとは好相性です。舌平目などの淡白な白身魚には軽めの白ワインを合わせて。

●パスタ
ソースによってワインを決めます。カルボナーラに代表される乳製品を使ったソースには程よいコクのある白ワイン、トマトソースを使ったものなら酸味の効いた赤ワインを。

●デザート
デザートワインはもちろん、フル・ボトルの残りとの相性を楽しんで。

日本酒の基礎知識と飲み方のマナー

Drinks 飲

日本酒はハレの日に欠かせないお酒。ワインと同様、味わいは作り方によって千差万別です。また、それぞれのおいしさを引き立てるためのふさわしい温度もあり、奥深い世界です。

料理と日本酒の濃淡を合わせるのがコツ

日本酒は、温めて飲んでも冷やしても飲んでもよいという、いろんな料理に対応できるお酒です。原材料は米や米麹《こうじ》。日本の風土が織りなす四季の移ろいとともに生まれたお酒。ふくよかな味わいが特徴です。

日本酒は、精米の歩合や産地、熟成期間、飲む温度によって味わいはさまざま。味も甘口、辛口といろいろあるので、料理に合わせやすく、好みで楽しめます。料理とお酒で、コクや味の濃淡を合わせてみるのもいいでしょう。

相手の杯が空にならないうちにお酒をすすめる

和食の席では、通常日本酒は、さしつさされつしながら楽しむものです。相手の杯が3分の1程度になったらお酒をすすめ、8分目ほどまで注ぎます。逆にお酒をすすめられたときは、右手に持った杯の底に左手の先を添えるようにしてお酌を受けましょう。

日本酒は一気に飲み干さず、2〜3回に分けて飲むようにすると、上品です

日本酒と料理の相性

味わいのタイプ	合う料理
香り高い	白身魚の刺身や焼き物、かまぼこなど、淡白な薄味の料理と好相性。
コクがある(純米酒)	塩辛、珍味、魚卵、鯛のあら煮、うなぎの蒲焼きなど。
軽くフレッシュ(生酒・生貯蔵酒)	酢の物、蒸し物などあっさり系の料理のほか、こってりとした料理にも。
淡麗(本醸造酒)	幅広い料理に合う。刺身、焼き魚、おでん、焼き鳥、湯豆腐など。
樽香がある(樽酒)	香辛料を使った料理や、濃い味つけの料理に。豚角煮など。
熟成(古酒)	濃厚な味つけ、脂っこい料理に合う。洋の肉料理や中国料理とも好相性。

Column

日本酒の代表的な種類と特徴

日本酒は原料となる米の精米具合によって種類が分かれ、米を多く削るほど味わいが洗練され、飲みやすくなります。現在、日本酒は、味を一定に保つために醸造アルコールを入れて作られることが多いのですが、米と米麹だけで作ったものを「純米酒」と呼んで区別しています。

●吟醸酒
精米するときに米を40%以上削って造られたもの。フルーティで軽快な味わいが特徴で、日本酒のなかでも数%ほどしか造られない貴重なお酒。15度くらいに冷やして飲みます。

●大吟醸
米を50%以上削って造られる日本酒で、吟醸酒よりもさらに希少。フルーティで白ワインのような味わい。香りを楽しみたい向きに最適。10度くらいに冷やして。

●純米酒
純粋に米と米麹だけを使って造られた日本酒。米の味わいが強く、日本酒らしい味が楽しめます。常温か、40度くらいに温めます。

日本酒の注ぎ方と受け方

日本酒の杯は小さいので、ビールをグラスに注ぐような感覚で勢いよく注いでしまうとこぼしてしまいます。落ちついてお酌するようにしましょう。

●受け方
箸や器を持っている場合は、必ず置いてからお酌を受けましょう。飲んでいる途中でお酒を勧められたら、残っているお酒を飲んでから杯を差し出します。

●懐紙を上手に使って
お酒を注ぐときに左手に懐紙を持って添えると丁寧な印象になります。とっくりにお酒が垂れてしまったときは、懐紙でぬぐいましょう。

【杯の持ち方】

右手で杯を持ち、杯の底に左手を添えます。このとき、左手の指を揃えると美しく見えます。

【注ぎ方】

とっくりの中央を右手で持ち、左手で下から支えます。相手の杯に触れないようにして8分目まで注ぎます。注いでいる途中で、とっくりが空にならないように、残りが少なくなってきたら取り替えてもらいましょう。

One Point
お酌を断るときは

ゆっくり飲みたいときや、体調が思わしくないとき、飲めない場合などは、無理してお酌を受ける必要はありません。杯またはグラスに軽く手をかざして、お酌を断ります。

ただし、かたくなに拒んでしまっては角が立ちますので、「せっかくですが」とやんわりと伝えるようにしましょう。

ビールの基礎知識と飲み方のマナー

居酒屋では「とりあえずビール」でおなじみですが、和食の宴席でも乾杯するときはビールで行う場合が多いもの。乾杯のあとは、さしつさされつしながら楽しく飲みましょう。

Drinks 飲

飲めない人も乾杯だけはつき合う

フランス料理店での「とりあえずビール」は、あまり好ましいことではありませんが、どの国の料理にも（とくにドイツやベルギー）ビールがつきもの。とりわけ「乾杯」のときは、ビールで行なうことが多いものです。

お酒を飲めない人も、最初の乾杯だけはつき合います。すべて飲み干す必要はありませんが、飲めない人も口をつける真似だけはするようにしましょう。

One Point ビールの注ぎ方

1

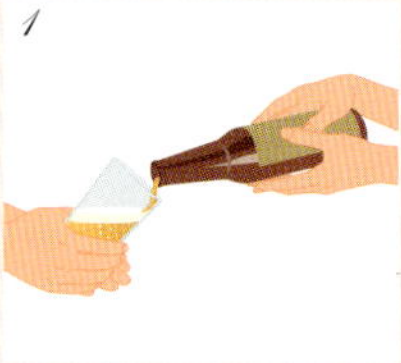

右手でビールびんを持ち、左手で下から支えて、びんを傾けます。最初は勢いよく注ぎ、泡を立てます。

2

程よく泡が立ったら、泡を持ち上げるような感覚でゆっくり注ぎます。

3

ビールと泡の割合が7対3になればベスト。ビールを注ぎ足すと味が落ちるので、相手のグラスが空になった頃を見計らって注ぎ足すようにしましょう。

Column ビールの種類と特徴

世界には味や香り、色などが違う70種類ほどのビールがあります。お決まりの種類だけに固執せず、いろんなビールに挑戦してみましょう。

●ピルスナー
日本の大手メーカーのビールは、ほとんどがこれ。色は黄金色。キレのある喉ごしと、サラッとした爽やかな口当たりが特徴。

●エール
イギリスやベルギーで人気のエールは、フルーティな味わいと、ホップの苦みと香りが特徴。「バス・ペールエール」が有名。

●スタウト
深めにローストした麦芽から作られる黒色のビールで、味は濃くなく、すっきりした味わい。有名な銘柄はアイルランドの「ギネス」。

●ヴァイツェン
小麦を大量に加えて作ったビール。小麦のタンパク質を含み、濁っています。独特の酸味とフルーティな味わいが女性に人気。

中国酒の種類と飲み方

中国で作られるお酒にもいろいろありますが、日本で広く親しまれているのは黄酒と白酒。どちらも小さな杯で飲みます。その際、左手を添えるようにすると、上品に見えます。

飲 Drinks

日本では黄酒と白酒の2種類がおなじみ

ひとくちに中国酒といっても、その種類は千差万別。果実や花を加えて作った果酒、漢方薬を加えて作る薬用酒、ビールなどさまざまなお酒がありますが、なかでも日本で広く親しまれているのは、黄酒と白酒でしょう。

黄酒は、うるち米や餅米、きびなどを使った醸造酒で、日本では浙江《せっこう》省紹興《しょうこう》地区で作られる「紹興酒」が有名。なお、黄酒を3年以上熟成させて作られたものが老酒になります。

白酒は高粱、小麦、とうもろこし、米などの穀物から作った蒸留酒。ストレートかロックで飲むのが基本ですが、アルコール度数が30～60度と高いので、あまりお酒に強くない人はチェイサー（口直し用の水）を頼み、一緒に飲んだほうが無難です。

Column

中国酒の種類と特徴

●黄酒（ホアンチュウ）
うるち米、餅米、きびなどから作る醸造酒。アルコール度数は15～20度で、お酒の色は褐色～赤。浙江省紹興地区で作られた黄酒が「紹興酒」で、黄酒を3年以上寝かせると老酒になります。独特の香りが気になる場合は砂糖を入れて飲んでもOKですが、本来は入れずに飲みます。

●白酒（バイチュウ）
高粱、小麦、米、とうもろこしなどから作られる蒸留酒。酒の色は透明で、アルコール度数は30～60度。貴州省の「芽台酒」が有名です。

●果酒（クアチュウ）
ブドウ、りんご、あんずなどの果物から作る醸造酒。白ワインに金木犀を漬けた「桂花陳酒」のほか、杏子酒、ライチ酒など種類は豊富。

●白欄地（バイランティ）
ブドウ酒から作る蒸留酒で、いわゆるブランデー。アルコール度数は40度前後。

●葯味酒（ヤオウェイチュウ）
黄酒、白酒、果実酒などに、さまざまな漢方薬を漬けたもの。氷砂糖を加えた甘口タイプもあります。

●強精補酒（チャンチンブーチュウ）
黄酒、白酒、果実酒などに、トカゲやヘび、スッポン、朝鮮人参を漬けたもので、滋養強壮効果があります。

●ビール
山東省の「青島《チンタオ》ビール」が有名。アルコール度数は5度前後。

Drinkss

飲 いろいろなお酒を楽しむコツ

世界には多種のお酒がありますが、ここでは日本で親しまれている代表的なお酒をまとめて紹介します。

焼酎（しょうちゅう）

日本固有の蒸留酒。「焼酎甲類」「焼酎乙類」の二つに分かれますが、近年ブームになった「本格焼酎」は後者のほう。特産地として有名なのは九州地方で、原材料によって味わいが大きく異なります。

飲む前日～数日前に水と焼酎を混ぜておくと味がなじんでまろやかになります。水割りやお湯割りにする場合は、焼酎と水（湯）の割合が5対5、6対4が目安。お湯割りには、少し冷ましたお湯を使うと香りが立ちます。原料の風味をそのまま味わいたいならストレートかロックで。ロックで飲む場合は大きめのロックアイスを使うとよいでしょう。

原料と特徴

麦	麦の香りはあるが味にクセがないので、どんな飲み方にも合う。
米	熊本県を中心に飲まれている焼酎。ストレートかお湯割りで飲むと、丸みのあるおいしさが引き立つ。
芋	鹿児島県や宮崎で広く飲まれている焼酎。甘みのある芳香が個性的。割っても風味のバランスが崩れない。
そば	そば特有の香ばしさを殺さないよう、そのままか、冷やして飲むとよい。軽い風味は酎ハイ向き。
黒糖焼酎	さとうきびを絞った汁を煮詰めて作られる焼酎。ビタミンやミネラルが豊富で、口当たりはまろやか。

ウイスキー

大麦、小麦、ライ麦、トウモロコシなどの穀類から作られた蒸留酒を、木の樽で貯蔵したもの。材料や製法によって、モルト・ウイスキー、グレーン・ウイスキー、ブレンデッド・ウイスキー、ライ・ウイスキーなどに分かれます。

世界のウイスキー

スコッチ・ウイスキー	スコットランドで作られるウイスキー。麦芽を乾燥させる際に泥炭を焚くため、独特のスモーキーフレーバーがある。
アイリッシュ・ウイスキー	ウイスキー発祥の地といわれるアイルランド産。まろかな風味とトロリとした舌触りが特徴。
アメリカン・ウイスキー（バーボン）	ケンタッキー州、バーボン郡で作られるウイスキー。内側を焦がしたホワイトオークの新樽で熟成させる。
カナディアン・ウイスキー	カナダ原産。ライ麦主体のウイスキーに、トウモロコシ主体のウイスキーをブレンドする。豊かな香りとライトな口当たりが特徴。

ストレートで飲む場合は、チェイサー（水）を用意して交互に飲みます。割って飲む場合、ウイスキーと水の割合は1対1～2.5を目安に。水のほか、お好みでソーダやコーラ、ジンジャーエールで割っても。

ブランデー

果実を原料として発酵（醸造）したあとに蒸留したお酒。原材料はブドウのほか、りんごやみかんを用いることも。ふくよかな香りが特徴。フランスのコニャック、アルマニャックなどが有名。

ブランデーの種類

コニャック	フランスのコニャック地方で収穫されたブドウのみを使い、果汁を発酵・蒸留して樫樽で熟成させたお酒。世界で最も愛されているブランデー。
アルマニャック	フランスのアルマニャック地方で収穫されたブドウのみを使い、発酵・蒸留して樫樽で熟成させたお酒。コニャックよりクセがある。
フレンチ・ブランデー	フランスのブランデーで、特に産地名を記載していない、コニャック・アルマニャック以外のものを指す。ライトな味わい。
オー・ド・ヴィー・ド・ヴァン	フレンチ・ブランデーのうち、AOCワインの産地で作られるワインを蒸留したもの。別名フィーヌ。
オー・ド・ヴィー・ド・マール（マール）／グラッパ	ワインを作るのに使用したブドウの絞りかすを発酵させたものを蒸留して作る。フランスで産をマール、イタリアで産をグラッパという。

アルコール度数が40～45度と高いので、食後酒としてストレートで少しずつ楽しむのがおすすめ。ブランデーグラスのふくらみを下から手で包むように持ち、軽く揺すりながら体温で暖めると、香りが立ちます。

スピリッツ

ウイスキーやブランデーを除いた蒸留酒のこと。なかでも4大スピリッツといわれているのは、ジン、ウォッカ、ラム、テキーラ。原産国や製法によって味わいはまったく異なります。カクテルのベースとしても親しまれています。

ラム
サトウキビから作る蒸留酒で、独特の香味があります。色によってホワイト、ゴールド、ダークと分類されます。代表的なカクテルは、ダイキリや、ラム&コーク。

ジン
トウモロコシや大麦の麦芽を蒸留させ、ハーブを加えて再蒸留させて作るお酒。トニック・ウォーターのほか、柑橘系のジュースともよく合います。

テキーラ
メキシコ原産の蒸留酒で、竜舌蘭《りゅうぜつらん》というサボテンの一種が原料。メキシコ流では、塩をなめてライムをかじり、テキーラを一気に飲み干します。

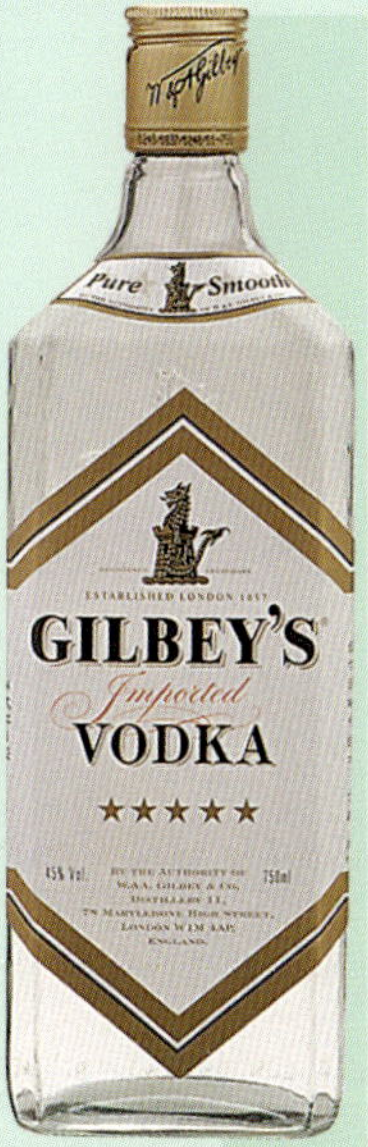

ウォッカ
大麦やライ麦を主原料として作るロシアを代表する蒸留酒。さらに特別に香りをつけたものを「ズブロウカ」といいます。カクテルではスクリュードライバーが有名。

センスアップ

悪酔いしないコツ
お酒は楽しい気持ちを盛り上げるとともに、お互いに杯を酌み交わすことで人間関係をスムーズにする役割もあります。飲み過ぎてしまうとコミュニケーションが成り立たないばかりか、ひんしゅくを買うハメに。以下の注意点を参考にしながら、スマートな飲酒を心がけましょう。

●空腹での飲酒を避ける
空腹での飲酒は胃の粘膜が荒れやすく、吸収が早まり悪酔いの原因になります。料理やおつまみを合間に食べながら飲みましょう。

●飲む前に乳製品を摂る
飲む前に牛乳やチーズなどの乳製品を摂っておくと、胃壁に膜を張り、急激にアルコールを吸収するのを防ぐ効果があります。

●適度な飲酒量を守る
体質やお酒の銘柄にもよりますが、「適量」飲むなら、体重1kg当たり1時間で純アルコールで0.1gを目安にするとよいとされています。

●マイペースでゆっくり飲む
体調と相談しながら、自分のペースで飲みましょう。

●飲酒後は水を飲む
体内のアルコールを分解するためには、適度な水が必要です。二日酔い防止のために、お酒を飲んだ後は水を飲むようにしましょう。

●薬と一緒に飲まない
薬の効用を妨げたり、反対に強く作用してしまいます。お酒と薬は一緒に飲まないのが鉄則。

バーでの基本マナー ～身だしなみとふるまい

食後にバーを利用する人が多いようですが、食前酒にバーで一杯、というのもなかなかオツなもの。バーは大人が集う空間です。洗練されたマナーを身につけましょう。

Drinks 飲

バーの雰囲気は千差万別 TPOに合った服装を

バーは非日常を楽しむための、大人だけが集う社交の場。明らかに昼間の服装より、夜の雰囲気がある服装がふさわしいでしょう。ただ、バーの種類も多種多様で、本格的なバー（オーセンティック・バー）からカジュアルなバーまでいろいろあります。

さすがに格調高いバーでTシャツにGパンという人はいないでしょうが、反対に、カジュアルなバーで必要以上に着飾っても場違いです。TPOをよく考えて服装を選びましょう。

3人以下ならカウンターへ 女性ひとりでもOK

バーにはカウンター席とテーブル席があります。3人以下でバーに出かける場合はカウンターへ、4人以上の場合はテーブル席に着くのが基本。ただ、バーによってはテーブル席を設けていなかったり予約済みの場合もあるので、入店したら、どこに座るべきかお店の人に席を尋ねてみましょう。

女性ひとりで利用してもかまいませんが、酔いつぶれるのは絶対に避けましょう。深酒は避け、2～3杯を目安に切り上げるとスマートです。

センスアップ

バーでのドレスコード

服装はバーの雰囲気に合わせるのが基本。本格的なバーなのかカジュアルなバーなのかを確かめ、その場に応じたドレスアップ、カジュアルダウンを心がけて。

本格的なバーの場合

着飾るというよりも、シックで洗練された服装がベター。ワンピースにスカーフを巻くだけでグッとしゃれた印象になります。Tシャツ＆ジーパンはNG。

カジュアルなバーの場合

バーの雰囲気によってふさわしい服装も変わってきますが、基本は「清潔感のある身だしなみ」。これはバーだけでなく、すべてのお店に通じるマナーです。

Column 人気店はあらかじめ予約を

バーで飲むときはシチュエーションにもこだわりたいもの。特に夜景がきれいに見えるバーの窓際などは、非日常的な気分を盛り上げてくれることから人気が高く、せっかくそこを目当てに出かけてもすでに席が埋まっているという場合も。座りたい席がある場合は、事前に予約をしておきましょう。なお、店によっては、カウンターよりテーブル席のほうがチャージが若干高くつくところもあります。気になる場合は事前に確認を。

バーでのスマートなふるまい

服装と身だしなみを整えたら、いよいよバーへ。着席するときからあなたの大人としてのマナーは試されます。もたつくことのないようスマートなふるまいを身につけて。

【スツールの美しい座り方】

1 お尻を浮かせながら体をすべらせ、着席します。

2 スツールかカウンターに手を添え、止まり木に片足をかけます。

荷物の置き場所

基本的には、入店したときにお店にお願いして預かってもらうようにしましょう。背もたれのない椅子が多いので、小さなバッグなどは、膝の上に置きます。

これはNG×

【器の扱い方】

×カウンターで脚をぶらぶらさせる

脚をぶらぶらさせるのは子どもっぽい行為。靴が脱げてしまう可能性もありますので、足はカウンターかスツールについている止まり木にのせるようにしましょう。

×ソファで脚を組む

カウンターのスツールや椅子では脚を組んでもかまいませんが、ソファで組むのは見苦しいので避けましょう。

×大声を出して騒ぐ

バーは基本的にお酒と会話をゆっくり楽しむ場所。お酒を飲めるからといって、居酒屋感覚で利用するのは困りもの。酔っぱらってはしゃぎすぎたり、ゲームをし始めるなどの行為はマナー違反の最たるものです。

One Point

姿勢は背筋を伸ばして

脚は組んでもかまいませんが、だらしない姿勢はみっともないので、できるだけ背筋は伸ばして座りましょう。お酒を飲むときはカウンターに腕を軽くかけ、リラックスしながら。肘をつくのもよくありません。

オーダーと飲み方の基本

Drinks 飲

所狭しと並んだボトルの数々に圧倒されてしまうかもしれませんが、心配しなくても大丈夫。お酒に詳しくない人でも基本的なポイントさえ押さえておけばスマートなオーダーができるはずです。

決まったルールはなし 好きなお酒を頼んでよい

バーの魅力とは、好きなお酒を好きなように飲めること。

飲み方に決まったルールはありませんが、味の違うお酒を楽しみたい場合は、さっぱりしたものから濃厚なものへ、アルコール度数が低いものから高いものへ飲み進めると、それぞれの味を楽しめます。

カウンターの後ろのボトルがメニュー代わりに

バーではメニューが出されない場合がほとんど。カウンター内の棚にずらりと並んだお酒のボトルがメニュー代わりになっているからです。

オーダーする際、よくわからないときは味のイメージ、ベースとなるアルコールなどをバーテンダーに伝えるとよいでしょう。

カクテルはだらだら飲まない

カクテルは冷たいうちに飲み終えるのがマナー。一気に飲み干す必要はありませんが、あまり時間をかけて飲んではカクテル本来のおいしさを損なってしまいます。

また、出されたカクテルに口をつけず、そのままにしておくのもマナーに欠ける行為です。

食前酒・食後酒にふさわしいお酒とは

食前酒にふさわしいお酒として、すっきりとしてボディが軽いもの（P21参照）、食後酒にはブランデーや、甘いクリームやリキュールを使ったデザート感覚で楽しめるもの（P58参照）がおすすめです。飲めない人はノンアルコールカクテル（P153参照）をオーダーするとよいでしょう。

Column 「ショート」と「ロング」の違い

カクテルを大きく分けると、ショート・ドリンクとロング・ドリンクに分かれます。一般的に、ショート・ドリンクは脚のついた逆三角形のグラスに、ロング・ドリンクは細長いグラスに入っています。「ショート～」「ロング～」という名前は、グラスの形状ではなく、飲む時間を表したもの。ショートカクテルには氷が入っていないので、あまり時間をかけずに（10～20分が目安）飲み終える必要があります。一方、ロング・ドリンクは氷とともに量も多いので、ある程度時間をかけて飲むことができます。ただし、氷が溶けると味が薄まってしまうので要注意。おいしいうちに飲むようにしましょう。

カクテルのマナーQ&A

カクテルとひとくちにいっても、味も飲み方も千差万別。パッと見ただけではわかりにくく、カクテルの飲み方をご紹介します。

マドラーが邪魔。どうすればいい？

マドラーはグラスから抜いてかまいません。抜いたマドラーは、コースターの上や紙ナプキンの上に置きます。

グラスのふちに塩がついていたら？

一周ぐるりと塩を一緒に飲む必要はありません。好みで口につければよいでしょう。もちろん、1カ所だけ口をつけて飲んでもかまいません。

フルーツが添えられている場合は？

レモンやライムなどの柑橘類が1つだけ添えられているカクテルは、果汁を搾り入れたあと、紙ナプキンに包むか、グラスの中に入れます。トロピカルカクテルに添えられたフルーツは食べてもかまいません。カクテルピックと呼ばれるスティックを使います。チェリーやオリーブなどの種は、目立たないように紙ナプキンに包んでおきます。

ストローが2本ついていたら？

細かく砕いたクラッシュド・アイスやフローズンカクテルを頼むと、ストローが2本ついてくる場合がありますが、基本的には1本で飲みます。ストローの中に詰まりやすいため、予備のためにもう1本添えられているのです。

また、シャーベット状のフローズンカクテルを頼むと、細くて短いストローがついてきます。これは「ステアリング・ストロー」といって、氷が溶けると水っぽくなってしまうカクテルをかき混ぜるためのものです。

層になったカクテルの飲み方は？

比重の違うリキュールを入れて層にしたプースカフェのようなカクテルは、混ぜて飲んでもかまいませんが、見た目の美しさを楽しみたければかき混ぜずに飲むのがベター。ストローがついていても、そのまま飲んでOKです。

バーのマナーQ&A

慣れないうちはどうしても緊張してしまうバー。でも、心配はいりません。誰でも最初は初心者。わからないことがあったら知ったかぶりをせずにバーテンダーに聞いてみましょう。

おつまみは頼むべき?

バーは食前または食後にちょっと立ち寄る場所ですので、カクテル1杯だけのオーダーでもよいでしょう。最近では食事メニューにも工夫を凝らして、料理の品数を多数揃えているバーもあります。

しかし、主役はあくまでもお酒であって、食事ではありません。おつまみ程度にオーダーするのはかまいませんが、食事がメインにならないようにしましょう。

タバコが吸いたくなったら?

バーだけに限った話ではありませんが、たとえカウンターにあらかじめ灰皿が置かれてあったとしても、タバコを吸うときは、同席者や隣の席の人に「吸ってもよろしいですか」とひとこと断る配慮がほしいもの。

ただ、カウンターに座ったときは、隣に知らない人が座るというシチュエーションも多いはず。隣の人がタバコを吸っていなくて、声をかけるのがためらわれるようだったら、バーテンダー経由で伝えてもらうのもいいでしょう。

吐いた煙は、カウンターの中やバーテンダーにはできるだけかけないようにしましょう。特にバーテンダーが飲み物を作っているとき、グラスに煙をかけてしまっては不衛生。マナーを守って節度ある喫煙を心がけて。

何を注文してよいかわからないときは?

お酒にあまり詳しくなくても心配する必要はありません。バーテンダーに好みの味を伝えれば、それに見合ったものを出してくれます。

カクテルの場合はベースとなるお酒を伝えるのが基本ですが、そのほか、“甘さの度合い”、“軽さの度合い”、“酸味の度合い”などを伝えると、バーテンダーもイメージしやすくなるでしょう。アルコールにあまり強くない人は、その旨を伝えるのも忘れずに。

男性から声をかけられたら?

女性ひとり、あるいは女性の友人と同行した場合など、男性に声をかけられる可能性は高いといっていいでしょう。なかには、こちらにその気がないのに、ちょっと勘違いをする男性がいることも事実。そんなとき、すげなく無視するのも、話をややこしくしてしまいます。適度に対応して上手にあしらう術を身につけておくのも、大人の女性のマナーと心得ましょう。

飲めない人のためのノンアルコールカクテル

飲めない人やアルコールに弱い人でもバーを楽しみたいなら、ノンアルコールカクテルという選択もあります。

カラフルな色のカクテルを楽しんでみましょう。

シャーリー・テンプル

有名な子役女優の名がつけられたカクテル。グレナデンシロップとジンジャーエールで作ります。

シンガポール・スリング

ジン、レモン、チェリー・ブランデーなどで作ります。シンガポールのラッフルズホテルのBarで生まれた世界的に有名なカクテル。

フロリダ

グレナデンシロップ、レモンジュース、オレンジジュース、ビターズで作るカクテル。ノンアルコールカクテルの元祖ともいわれています。

ノンアルコールカクテルいろいろ

サンドリヨン（シンデレラ）	レモン、パイナップル、オレンジのジュースで作るカクテル。柑橘系の爽やかな口当たりが食前酒にぴったり。
ミルクセーキ	牛乳に卵を入れ、好みの甘さに砂糖を加えて混ぜたもの。これにブランデーを加えると「エッグ・ノッグ」に。
サラトガ・クーラー	ライムジュース、ガムシロップ、ジンジャーエールで作る。甘さは控えめで食前酒向き。
シンデレラ	オレンジジュース、レモンジュース、パイナップルジュースを同じ比率で混ぜたもの。フルーツの美味しさたっぷりで女性に人気のトロピカルドリンク。

スマートな会計のしかた

会計のときまで気を抜かず、大人らしくスマートなふるまいを心がけて。テーブルで会計する場合、小銭をジャラジャラ出すよりもお札をさっと出したほうが粋に見えます。

カウンターで会計するのが一般的

お酒を飲みはじめると時間が経つのは早いものですが、閉店時間を過ぎたのにいつまでも飲んでいるのはお店の人にとっても迷惑。すみやかに店を後にしましょう。

ほとんどのバーでは、レストランのように会計をする場所がはっきりと決まっていないもの。一般的には、席に座ったまま会計します。バーテンダーに「チェックをお願いします」と伝えましょう。紙に値段を書いて渡してくれたら、お金と一緒にその紙も返すとスマートです。

個別に払いたいときは、その旨を伝えればOK。最近はカードでの支払いも分けて精算してくれます。３人以上の場合は、誰かがまとめて払うほうがスムーズです。

カジュアルなスタンディング・バーなどでは、飲み物を受け取ったときにお金を払う、キャッシュ・オン・デリバリー方式のところもあります。会計のしかたはバーの形態によってさまざまなので、わからないときはお店の人に尋ねましょう。

センスアップ
グラスの持ち方

カクテルグラス
中指、薬指、親指でグラスの脚を持ち、人差し指の第一関節を軽く押さえて持ちます。

ビールグラス
グラスの下のほうを持ちます。

リキュールグラス
親指、人差し指、中指で、脚の上のほうを持ちます。

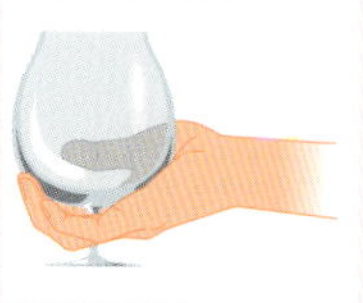

ブランデーグラス
手の平でグラスのふくらみを包むようにして持ちます。手の体温であたためることでブランデーの香りが引き出されます。

One Point
チャージ料とは

会計には「チャージ料」が含まれています。チャージ料とは、ドリンクや食べ物以外のサービス料（席料）のことで、ひとりにつきいくらと決まってます。だいたい500〜2,000円が目安ですが、なかには、まったくチャージ料を取らないところもあります。
しかし、チャージ料の有無、高いか安いかでだけで、バーの善し悪しが決まるわけではありません。店の雰囲気やバーテンダーとの相性などを総合して、自分に合った店を見つけるのが、バーを楽しむ一番の秘訣でしょう。

第5章

おもてなし・宴席のマナー

招く側でも招かれる側でも、
なにかと気をつかってしまうパーティやおもてなしの席。
相手をくつろがせる、ちょっとした心づかいが成功のポイントです。
贈り物やコーディネートのセンスも磨きましょう。

立食パーティに出席するときの心得

会費制の結婚式や会社でのレセプション、同窓会など、立食パーティが行なわれるシチュエーションはさまざまです。着席式とは違う独得のマナーを心得、状況に合わせて美しく振る舞いましょう。

遠目にも美しく立ち姿が引き立つ服装を

立食パーティでも、昼間か夜かを意識した服装選びをしたいものです。立って動き回ることが多いので、立ち姿を美しく見せる服装が基本。靴も色や型など、バランスの取れたものを選びましょう。

また、取り皿やグラスなどを手に持たなければならないので、かさばるバッグや、手に持つタイプのバッグは不向きです。小さいショルダーバッグやポシェットがよいでしょう。

会場入りと退出のタイミング

披露宴などのパーティは時間厳守ですが、立食パーティは時間にはさほど厳しくないのがありがたいところ。ただし、遅刻する場合でも、乾杯やあいさつが始まる前には会場に着くようにしましょう。開始後、だいたい20～30分がデッドラインです。

退出は基本的に自由。途中で帰る場合は、主催者にひと言あいさつしてから帰るようにしましょう。

控え室でもマナーと配慮を忘れずに

会場に到着したら、大きな荷物やコートはクロークか受付へ預けます。そこで記帳をする際、人数の多い場合は名刺を差し出して代わりとする場合もあるので、仕事関係のパーティでは名刺を忘れずに持っていきましょう。

控え室があればそこで待機しますが、控え室にも上席（奥・窓側）と下位席があるので要注意。

会場に用意されている椅子は、年配の人や疲れた人が休むために座るもの。人数分用意されているわけではないので、独り占めしないようにしましょう。

Column　パーティの種類

●ティーパーティ
午後3時または4時にお茶とおしゃべりを楽しむイギリス発祥の習慣。紅茶とともに、サンドイッチや焼き菓子などが出されます（P184参照）。

●カクテルパーティ
飲み物中心の立食パーティ。アメリカ発祥のスタイルで、夕方に行なわれます（P186参照）。

●ガーデンパーティ
昼下がりに野外や庭で開かれるパーティ。

●ディナーパーティ
コース料理が出される本格的なパーティ。ドレスコードがある場合もあるので、事前に確認を。

立食パーティにふさわしい装い

立食パーティでは、立ち姿の美しい服選びがポイント。
荷物も最小限に留め、会場内をさっそうとスマートに動けるように心がけましょう。

立って食べたり飲んだりすることを考えると、動きやすい服装がベストです。タイトな服装は避け、ある程度ゆとりのある服装を心がけましょう。

取り皿やグラスなどを手に持つため、ハンドバッグなどの手に持つタイプのバッグや、かさばるバッグは不向き。ショルダーバッグやポシェットがよいでしょう。

足元も見える立食パーティでは、靴も全体のバランスを考えて、服装にマッチしたものを選びます。

センスアップ

会話を楽しむコツ

●会話の輪を積極的に広げる
パーティでは決まった人とばかり会話をするのは避けたいところ。会話内容は込み入った話ではなく、天気やニュース、趣味、旅行の話など、差し障りのないテーマを選ぶと、気軽に話しかけられます。

●会話のタブー
大勢の人が集まるのですから、一部の人にしかわからない話や、誤解を招きそうな話題は御法度です。また、宗教や政治の話も意見が対立して論争になりやすいので避けます。当然ですが、噂話や自慢話、仕事の話はしないようにしましょう。

料理のきれいな取り方と食べ方

立食パーティは基本的にセルフサービスなので、そのぶん気をつけなければいけないことも多くあります。パーティだからといって舞い上がって失敗しないよう注意。

宴 Party

フルコースの順に取り分ける

各自で料理を取りに行く立食パーティでは、多くの場合フルコースと同じように、前菜→メイン→サラダ→デザートの順に並んでいるので、それに沿って取っていくのが理想的。最近人気のお寿司は、前菜としての扱いが一般的です。

お皿に盛られた料理は、端から取っていくようにするとよいでしょう。

お皿は1回につき1枚。2〜3品を目安に盛る

料理は2〜3品を目安に一皿に盛ります。温かい料理と冷たい料理を一緒に盛るのは避け、ソースがかかっているものは、他の料理と混ざらないように1品につき一皿にしたほうがよいでしょう。

料理は山盛りにせず、少量ずつ盛って何度も取りにいくほうが上品。お皿は1回につき1枚使い、次の料理を取るときは必ず新しいお皿に取り替えます。

One Point

取り皿とフォークは左手で持つのが基本

取り皿とフォークは左手で持つのが基本です。グラスも左手で持つとスマートですが(左ページ参照)、無理な場合は両手で持って運んでかまいません。
ただし、歓談中は手に皿を持ったままでは相手に失礼に当たるので、取り皿はテーブルに置き、グラスだけを持つようにします。

アドバイス

サーバーを使うときは無理をしない

テーブルにはサーブ用に料理に添えられた大きいスプーンとフォーク(サーバー)が用意されています。会場にいるスタッフはフォークを上、スプーンを下にして、トングのように料理をはさんで使ったりしますが、これは慣れていないと難しいので、無理をせず、取り皿をテーブルに置き、両手を使いましょう。左手にスプーン、右手にフォークを持ち、フォークで料理をよせてスプーンにのせるようにします。

立食パーティ ワンポイントマナー

大勢が歩き回っているなかでの振る舞いであっても、マナー違反は目立つもの。自分の手元のマナーよりも、他の人への配慮に重点を置きましょう。

【メインテーブル(配膳台)の前でのマナー】

料理の前に人が並んでいたら、その後ろに並んで順番を待ちましょう。
メインテーブルは皆が料理を取りにくる場所なので、取り終えたら速やかにその場を離れるようにそます。あまりじろじろと料理を物色するのは避けたいところ。コースの流れを把握しておけば、どんな料理が出るのかあらかた想像がつきます。

【飲み物のマナー】

立食パーティの会場に入ると、最初に飲み物をすすめられます。飲み物は係員がトレンチにのせて会場を回っていますので、好きなものを取って飲みます。
サイドテーブルに用意されているジュースやビールなどは自分で注いでもかまいませんが、コンパニオンがいる場合は、その人に任せましょう。

センスアップ

お皿とグラスを片手で持つ場合

皿は人差し指、中指、親指で持ち、グラスは手のひらにのせて薬指と小指で支えます。フォークは親指と皿の間にはさみます。

スマートなグラスの持ち方

タンブラーの場合、手が濡れたり、冷えたりするのを防ぐために紙ナプキンを巻いてもよいでしょう。タンブラーの半分より下の部分に紙ナプキンを当て、沿わせるように巻きます。ワイングラスの底に紙ナプキンを敷いてもOK。グラスは両手で持ったほうが上品に見えます。

パーティでの美しい立ち居ふるまい

宴 Party

周りは知らない人ばかり。身の置きどころがなくて困った……そんな経験をしたことのある人も多いのでは。立食パーティは主役は食事ではなく、会話。間がもたないからと食べてばかりはタブーです。

「壁の花」にならず積極的に会話を楽しんで

立食パーティには、「みなさん、ご自由にご歓談を」という主催者側の思いが込められています。食べ物だけを楽しむのではなく、大勢の人と会話をし、交流してこそ立食パーティに参加する意味があるというもの。知らない人ばかりだからといって、ひとりポツンと孤立して壁際に立つ、いわゆる「壁の花」にならないよう、積極的に話しかけるようにしましょう。「どちらからいらしたのですか」など、話しかける話題は何でもかまいません。相手が話しているときは、笑顔で相づちを打つようにします。自分から話しかける勇気がない場合も、せめて笑顔だけは心がけて。ムッツリしていると相手も話しかけづらいものです。

周囲に注意して前後左右に気配りを

立食パーティの会場では大勢の人が皿やグラスを持って動き回りますから、自分の周囲に気を配って行動するようにしましょう。急に振り返ったりすると、後ろにいる人と衝突してしまう可能性もあり、非常に危険です。

センスアップ

美しい立ち姿を作る3つのポイント

立食パーティでは、当然ながら「立ち姿」が基本となります。猫背だったり、腰が曲がっていたりすると、それだけであなたの魅力は半減してしまいます。美しい立ち姿をマスターしましょう。

背筋を伸ばし、お腹にやや力を入れて緊張感をキープしましょう。ただし、胸を張りすぎても不自然なので気をつけて。

ハイヒールの靴をはくと重心が後ろにいきがちなので、常に体重を前にかけるようにしましょう。

両足のかかとをつけてVの字を作って立ちます。Vの開き具合は握りこぶし1つ程度がベスト。右のかかとを左足の土踏まずのところに置くときれいに見えます。

One Point

タバコのマナー

タバコはメインテーブル近くで吸うのはタブー。必ず灰皿のあるところで吸います。吸う場合でも、周りの人に「タバコを吸ってもよろしいですか？」と一声かけると、印象がよくなります。

NG集 立食パーティのマナーNG集

**立食パーティでのさりげなくスマートな振る舞いは見ていても気持ちいいもの。

けっして場慣れしたように見せる必要はありません。基本的なマナーをおさえておきましょう。**

皿の使い回しをする

汚れたお皿をずっと使うと、料理の味が混ざってしまいます。料理を取りに行くたびに新しいお皿に取り替えましょう。

メインテーブルを独占する

メインテーブルのそばで立ち止まって話し込むのはやめましょう。また、そういう人がいても、人の肩ごしに手を伸ばして料理を取るのもNG。お互いに礼儀を守って。

料理を皿に大盛りにする

料理がおいしいからといって、1枚の皿に料理を山盛りにするのは品がよいとはいえません。盛る目安はお皿の7割くらいと心得ておきましょう。

椅子を占領する

壁際に置いてある椅子は、疲れた人が腰掛けるためのもの。最初から座っていたり、長時間占領するのはマナーに反します。

立食パーティのマナーQ&A

大勢の人が行き交うパーティ会場では、常に周囲に気を配りたいもの。パーティの雰囲気をこわさないよう、スマートな振る舞いを心がけましょう。

友人のぶんまで料理を取ってあげたいのですが?

基本的に、料理の取り分けは自分のぶんだけです。友人のぶんも合わせてお皿に山盛りに盛る行為は見苦しいうえ、味が混ざってそれぞれの料理を楽しめなくなるのでやめましょう。

ただし、混雑しているときに、男性が女性の分を取ってきてあげるのはOK。お年寄りに料理を取ってあげたい場合などは、ウエイターに頼むのもよいでしょう。

壁際に置かれた椅子にバッグを置いていい?

会場のコーナーに置かれた椅子は、お年寄りや具合の悪くなった人、疲れてしまった人が座るものです。単に自分がいつでも座れるように椅子をキープしたり、バッグが邪魔などの理由で椅子の上にバッグを置いておくのはマナーに反しますので絶対にやめましょう。

立食パーティに行くときのバッグは、飲食中でも邪魔にならないものがベスト。肩から掛けられるバッグのほか、脇に抱えられるクラッチタイプのバッグ、手首にかけられるごく小さいバッグ、ポシェットなどがおすすめです。

食べ終わったお皿はどうすればよい?

食べ終わったお皿でテーブルの上が乱雑に……。こういう場合、ついお皿を重ねてしまいたくなりますが、お皿はウエイターに下げてもらうのが立食パーティの正式なマナーです。ただし、ウイエターは、お皿やグラスの中が空になっていないと下げてくれません。下げてほしいときの合図は、お皿の中やグラスの上に使用済みのナプキンを置いておくこと。もちろん、「下げてください」と一声かけてもかまいません。

屋外パーティの注意点

風や座る場所に気をつけて

オープンテラスなどで行なわれる屋外でのパーティも増えてきました。このような、屋外パーティに出席する際に注意したいのは、服装です。

風が吹くことを考慮し、ロングドレスなどは避けます。また、スカーフはめくれあがりやすいし、ピンヒールは不安定なので、これらも避けたほうがよいでしょう。動きやすく、風にも強い服装が、屋外でのパーティの基本です。

なお、忘れがちですが、屋外では座るところを探すにも難儀する場合があります。屋外に置かれた椅子などにかけることを考え、ハンカチや懐紙を用意していくとよいでしょう。

アドバイス
好きな飲み物をリクエストしてもよい

ウエイターが差し出したお盆の中に飲みたいものがないときは、リクエストしてもかまいません。もしくは、自分でバーに飲み物を取りに行ってもOK。バーにはさまざまな飲み物が用意してありますので、飲みたいものをオーダーします。また、グラスが空なのにウエイターが忙しくてなかなか来てくれない場合も、何度も声をかけるよりは、バーに飲み物を取り行ったほうがよいでしょう。

食べることに夢中にならない

ビュッフェ(立食)で食べることに夢中になって、限られた人としか会話をしなかったというのは感心しません。また、お腹が空いているからと、会場でガツガツするのも考えもの。前もって、少しだけ腹ごしらえをしていくくらいの配慮があってもいいほどです。もちろん、料理を味わうのが目的のパーティでは別ですが。

スマートな名刺交換の方法は?

こちらから声をかける場合は、相手が食事中でないかどうかを確認してから。名刺はバッグの取り出しやすいところかポケットに入れておき、名刺交換のタイミングがきたらすみやかに取り出します。

このとき、グラスやお皿はテーブルに置くのがマナー。グラスを置けない場合は、グラスを持った手を添えて両手で受け渡しをしましょう。片手で渡すのは失礼。受け取った名刺は、確認したあと、すぐにしまいます。

披露宴でのマナー ～招待状をもらったら

出欠の返事は期日までに先方に到着すればマナー違反にはなりません。ただ、あまりギリギリだと新郎新婦が気をもみます。やむを得ない理由がある場合は別ですが、なるべく早く出す心がけを。

Party 宴

招待状の返事はなるべく早く出す

結婚披露宴の招待状をもらったら、できるだけ早く出欠の返事を出すのがマナー。準備で気ぜわしい相手の立場を考え、1週間以内には出しましょう。ほかの用事とのかね合いですぐに出欠が決められないときは、電話でお祝いを述べたうえで事情を話し、先方の指定する日までに結論を出します。

事情により欠席する場合は、お祝いの品やご祝儀を贈り、手紙や祝電でお祝いの気持ちを伝えて。

返信ハガキの書き方

表面

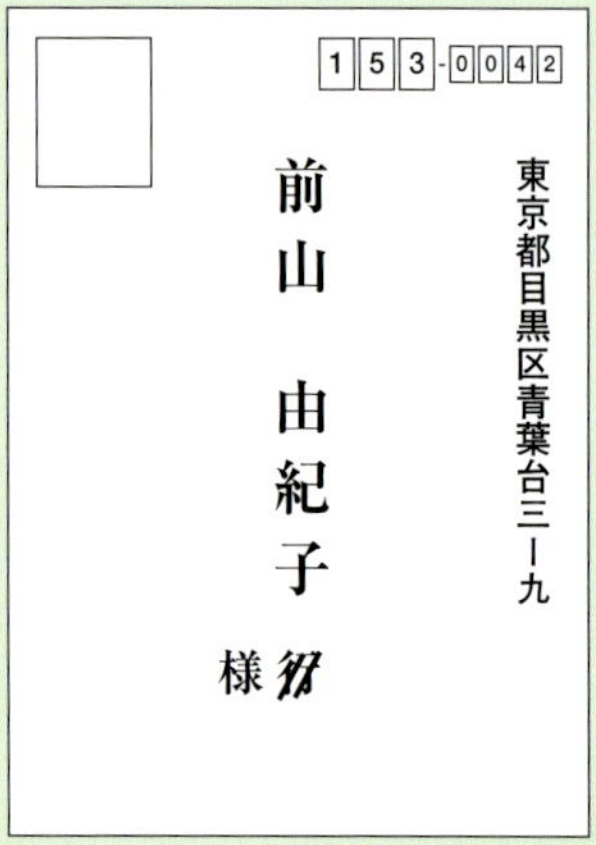

●宛名の下の「行」は二重線で消して「様」に訂正する。

裏面

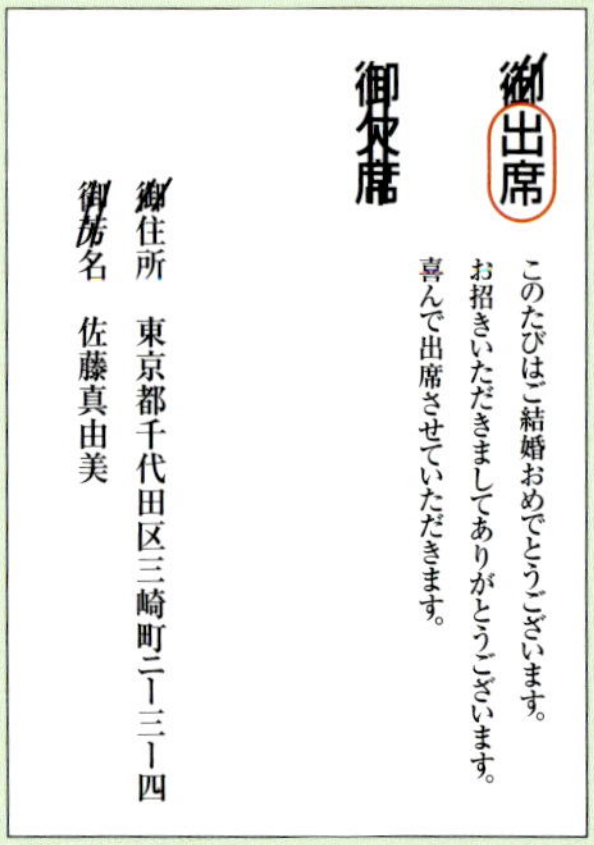

●ハガキの余白にはお祝いの言葉と、招待のお礼をひと言書き添える。
●出欠か欠席か、どちらかを選んで○で囲み、「御」を消す。不要なほうを二重線で消す。
●「御」「御芳」は敬語なので、二重線で消す。
●欠席する場合は、理由を簡潔に書き添える

祝儀袋の書き方

中包み

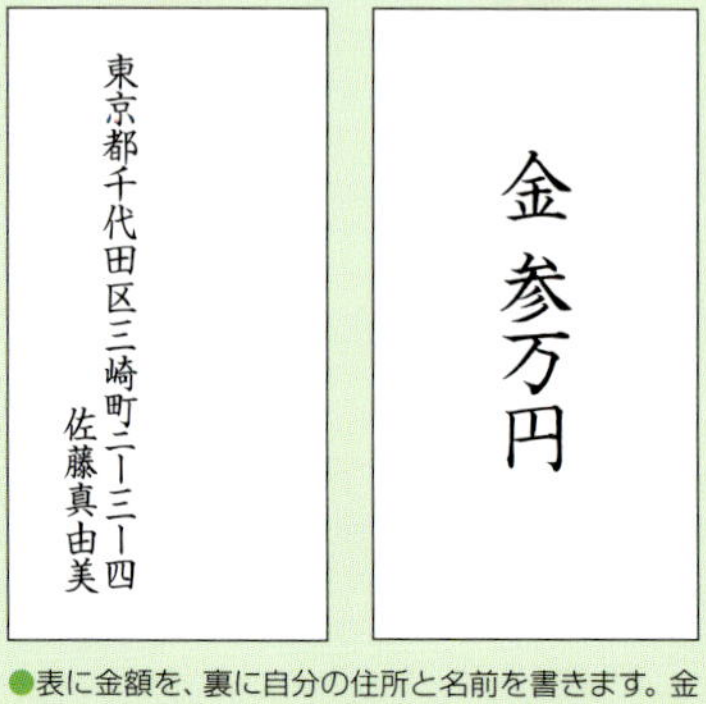

●表に金額を、裏に自分の住所と名前を書きます。金額は、一→壱、二→弐、三→参のように漢数字で書く。

のし袋

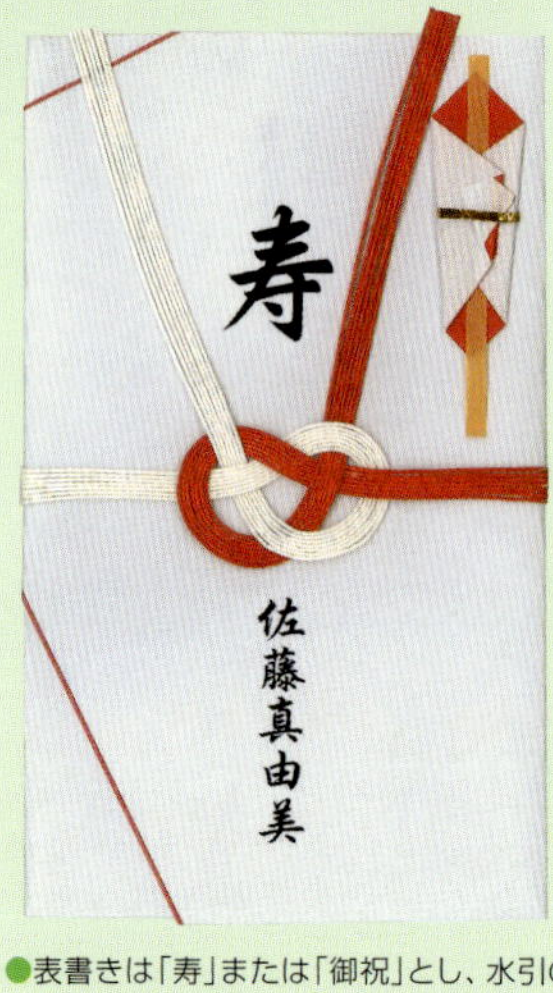

●表書きは「寿」または「御祝」とし、水引の下に自分の名前をフルネームで書く。できれば毛筆か筆ペンを使い、楷書ではっきり書くこと。
●現金を贈る場合は、必ず新札を用い、のしつきの祝儀袋に入れる。水引は金銀か紅白の「結び切り」に。

披露宴にふさわしい装い

招かれた立場や時間帯により異なりますが、いずれにせよ、上品さを心がけましょう。また、主人公はあくまでも花嫁。華美でありながら控えめなお洒落がポイントです。

ふくさの包み方

袋タイプもありますが、ここでは台つきふくさで説明します。紫色のふくさなら慶事弔事の両方に使えて便利です。

1

2
つめが右にくるようにふくさを広げ、表向きに祝儀袋を置く。

3
左側の角を持って内側に折り、上、下の順に折る。

4
右側の角を持って折り、かぶせるように包む。つめがついているものはかけて留める。

胸元や背中のカットが大きいイブニングドレス（正装）か、カクテルドレス（準礼装）。サテンなど光沢のある生地のもののほうが夜の照明に映えます。

ダイヤやエメラルド、ゴールド、シルバーなどのアクセサリーを。

靴も、光沢のあるものを選んで華やかに。

アクセサリーはパールや水晶、小粒の宝石など、華美すぎないシックなものが合います。コサージュをつけてもよいでしょう。

肌の露出が少なく、光沢が少なく透けない生地でできたドレッシーなアフタヌーンドレス（正装）か、エレガントなタウンフォーマルドレス（準礼装）。

【夜の披露宴】　【昼間の披露宴】

One Point
礼装を着るときの注意点

披露宴での服装は、昼は肌の露出が少ないもの、夕方からは華やかなドレスにするのが一般的。主役の花嫁より目立つ服装はNGです。
また、白は花嫁の色とされているので、全体的に白の印象が強い服装は避けましょう。黒い服を着る場合は、アクセサリーをつけて華やかに。

披露宴でのふるまいのマナー

せっかくの席をマナー違反で台無しにしないようくれぐれもご注意を。新郎新婦にとっては一生に一度の記念すべき日です。おめでたい席にふさわしい、晴れやかな態度でのぞみましょう。

宴
Party

受付ではお祝いの言葉を述べ、ご祝儀を渡す

当日は、披露宴が始まる30分前には会場に到着するようにします。コートや手荷物をクロークに預け、化粧室で身なりをととのえてから、開宴15分前には受付へ。「本日はおめでとうございます。新婦の友人の○○と申します」と告げ、芳名帳に記帳します。

当日、ご祝儀を持参する人は、ふくさから祝儀袋を出して受付係に渡しましょう。

控え室では、新郎新婦のご両親に「おめでとうございます。お招きいただきありがとうございます」とあいさつしますが、初対面のときは簡単な自己紹介を。

和やかに会話しながら食事を楽しむ

披露宴会場で席に着いたら、同じテーブルの人と会釈《えしゃく》を交わし、簡単に自己紹介をしておきましょう。このタイミングを逃すと、食事中もぎこちなくなってしまいます。

新郎新婦が入場し、媒酌人《ばいしゃくにん》のあいさつと乾杯が終わったら、和やかに歓談しながら食事をします。ただし、誰かがスピーチをしているときは静かに聞きます。

披露宴がお開きになり、退席するときは、同席の人に「ありがとうございました。おかげで楽しくすごさせていただきました」とあいさつをして席を立ちます。

出口では新郎新婦、双方の両親にお祝いの言葉と招待に対するお礼を簡単に述べます。

Column
受付係をまかされたら

当日は披露宴が始まる１時間前には会場に入りましょう。芳名帳、筆やサインペン、祝儀袋を入れる広蓋、招待客名簿、席次表などが揃っているかを確認し、招待客が見えたら一礼して「本日はご多忙のなか、ご出席いただきありがとうございます」とお礼を述べます。
芳名帳は招待客に向けて差し出し、名前と住所を記入してもらいます。ご祝儀袋を差し出されたら「お心づかいありがとうございます」と両手で受け取り、名前を確認して広蓋へ。
記帳が終わったら席次表を渡して控え室を案内し、開宴まで待ってもらいます。

One Point
着席するときのマナー

披露宴会場に入ったら席次表に従って着席しますが、このとき会場の真ん中を突っ切ったり、人前を横切るのはタブー。壁に沿って自席に進むようにします。
席には椅子の左側から座り、バッグは膝の上、もしくは足元へ。テーブルの上に置くのはNGです。

会場でのスマートなふるまい

おめでたい席であり、大切な人の記念すべき日でもある結婚披露宴では、常にスムーズに上品にふるまうことを心がけましょう。

【控え室でのマナー】

初対面の人にも自分からあいさつを

周りが初対面の人ばかりでも積極的に会話を楽しんで。お酒が用意されていることもありますが、披露宴の前なので喉を潤す程度にとどめましょう。

新郎新婦のご両親や親族がいるときは、「このたびはおめでとうございます。本日はお招きいただき、ありがとうございます」とあいさつをしますが、他の招待客のことを考え、話し込んでしまわないように注意。

【受付でのマナー】

①私語やおしゃべりは禁止

受付係が親しい人だとしても、友達口調は禁物。あとから来る人のことを考え、スムーズにすませることを心がけます。

まず「本日はおめでとうございます」とお祝いの言葉を述べてから、「新婦の友人の○○と申します」と、どちらに招待されたのかを伝え、ご祝儀を渡す場合は、その場でふくさからご祝儀袋を取り出します。

②正確に気持ちよく芳名帳に記入

「晴れやかなお席にお招きいただき、ありがとうございます」とお礼を述べたあと、芳名帳に記入します。辞退や代筆はタブー。

芳名帳は新郎側と新婦側に分かれているので注意しましょう。夫婦で出席する場合は、夫が姓名を書き、妻は名前だけを自筆で署名します。

【食事のマナー】

ナプキンを広げるタイミング

ナプキンはなるべく早く広げたいところですが、披露宴ではスピーチなど、セレモニーが盛りだくさんですから、タイミングとしては乾杯が終わったあたりがいいでしょう。

乾杯のしかた

「ご起立ください」と言われたら椅子の左側に立ち、右手にグラスを持って新郎新婦のほうを向きます。乾杯の音頭に合わせてグラスを目の高さまで持ち上げ、「乾杯！」と祝福します。ほかの列席者に会釈をし、グラスに口をつけましょう。

お酒が飲めない人も最初の一杯は口に

お祝いの席ですから、飲めない人でも口をつけるのが礼儀。飲むフリでもかまいません。

食べるスピードを周囲と合わせる

歓談に夢中になって、食べるスピードが遅くならないように注意。会場係が皿を下げるタイミングを失ってしまいます。周りの人と食べるペースを合わせるよう気を配って。

披露宴のマナーQ&A

相手に不快な思いをさせないというのが、すべてのマナーの基本ですが、結婚披露宴には独自のマナーやタイミングの取り方などがありますので、注意しましょう。

招待状に「平服でお越し下さい」と書いてあったら？

最近人気なのが、形式張らないパーティスタイルのウエディング。招待状に「平服でお越し下さい」と書いてあることもあります。この場合の「平服」というのは「正装でなくてもかまわない」という意味であって、ラフな普段着のことではありません。

招待された結婚式がどんな雰囲気なのかにもよりますが、失礼がないように略装にしたほうがよいでしょう。和装なら付け下げか訪問着、洋装ならエレガントなスーツかワンピースがよいでしょう。

和装

訪問着とあまり変わらない落ち付いた柄のものを。帯は西陣織りの二重太鼓や錦織の袋帯などを品よくコーディネート。髪飾り以外のアクセサリーはつけませんが、小さいピアスや腕時計などは自由につけてかまいません。

洋装

ドレッシーな素材のワンピースやスーツが基本ですが、上品さが保たれていれば、柔軟に考えていいでしょう。昼の披露宴でノースリーブなどを着用するときはストールなどで肌を隠すことを忘れずに。夜はイブニングか準ずる格のものを着ます。

当日、急に行けなくなったら？

披露宴は招待客が揃ってから始めるもの。連絡がないと先方に迷惑がかかりますので、できるだけ早く電話や電報で連絡しましょう。

弔事が理由の場合は、理由をはっきりと述べないのがマナー。「やむを得ない事情で」など、不吉な表現を避けて伝えます。そして、式のあと、電話でお詫びと出席できなかった事情をきちんと説明すること。当日のために用意しておいたご祝儀は後日渡すようにします。

トイレに行くタイミングは？

披露宴の途中で中座するのは大変失礼なこと。できるだけ席を外さないように事前にトイレに行っておくのが基本ですが、どうしてもという場合は、スピーチや料理の最中は避け、料理の合間や歓談中、新婦のお色直しのときに行くようにしましょう。目立たないように静かに席を立ち、周囲の人に会釈をして会場を出ましょう。デザートまでは立たないのが基本です。

披露宴でお酌をして歩き回ってもOK？

披露宴の食事がスタートし、お酒も入ってリラックスムードに……。日本の習慣から考えると、このとき新郎新婦の親族や周囲の人にお酌をして回るのが礼儀のように思ってしまいがちですが、基本的に、お酌は会場のサービス係がする仕事ですので、列席者はするべきではありません。

特に、現在、主流を占める洋風の披露宴会場の場合、お酒の瓶を持って会場内をウロウロするのは、あまり品がよい行為とはいえません。どうしても、という場合は、新郎新婦のご両親だけにお酌するようにしましょう。

遅刻・急用で退席する場合は？

遅刻したからと、慌てて式場に入るのは厳禁。係の人が、目立たないように入るタイミングを教えてくれますので、指示に従い入場します。着席の際には、新郎新婦や周りの人に一礼を。

食事がスタートして会場が和やかなムードになってきたら、新郎新婦かご両親のところに行きひと言お詫びを述べます。ご祝儀をまだ渡していない場合は、このときにご両親に渡します。

披露宴の最中にやむを得ない理由で退席するときは、新郎新婦宛てのお詫びのメッセージを書いて係員に渡してもらうか、あとで電話でお詫びを述べましょう。体調不良で退席するときは、こっそり係員に相談してから退席するようにします。

席次表や名前札などは持ち帰るべき？

席次表や名前札、メニューなどは記念品としてぜひ持ち帰りましょう。新郎新婦のもてなしの気持ちは、ペーパーアイテムにも込められているはずです。披露宴がお開きになったら、忘れないうちに引き出物の袋に入れておくとよいでしょう。

久しぶりに合った友人と話し込んだり、新郎新婦と記念写真を撮ることに気をとられ、引き出物を忘れて帰ってしまう人も少なくありません。名札が入っていれば、誰の引き出物なのかわかります。

お茶会への出席の準備

決まりごとが多く、戸惑うかもしれませんが、慣れてくると茶道ならではの厳格な作法がすがすがしく感じられるもの。基本マナーを頭に入れたら、前の人の所作を真似することから始めてみましょう。

Tea-ceremony 茶

派手な服装は避け アクセサリーは外す

茶会は、茶道の形式に則《のっと》って亭主（主人）が客に抹茶《まっちゃ》を振る舞う格式の高い席ですので、派手な服装は避け、控えめで上品な服装を心がけましょう。和服なら色無地や付下、訪問着。洋服の場合は、フォーマルなものを選びます。座ったときに膝が隠れる丈のスーツやワンピースがおすすめです。

茶器を傷つけるおそれのある指輪や時計、茶の香りを損ねる香水は避けるのが常識。マニキュアを塗る場合はナチュラルな色にします。

茶会に参加するときの必須アイテムは、懐紙《かいし》と扇子《せんす》。そのほか、ハンカチ、楊枝《ようじ》、和服の場合は替えの足袋、洋服の場合は白いソックスなどを用意しましょう。

茶会には一つひとつ決まった作法があり、初めて参加する人は戸惑うかもしれません。不安なら「心得がございませんが」とあらかじめ断っておくと安心です。また、茶会は通常、茶会に慣れた「正客」から順にすすめられるので、初めての人は前の人の所作を真似することから始めてもよいでしょう。

茶会にふさわしい服装

●和装の場合
色無地・付け下げ・訪問着など

●洋装の場合
ゆったりしたスカートのワンピースまたはスーツ

時計やアクセサリーは外す、マニキュアは控えめに

Column 茶会に持参するもの

●懐紙
お菓子を食べたり、手を拭くときなどに必要。

●扇子（茶席扇）
入席のときや、床の間を拝見、あいさつをするときに用います。

●ハンカチなど拭くもの
口や手をすすいだときや、粗相したときに使います。

●菓子切り
お菓子を切るときに使用。ステンレス製のものが売られています。黒文字（楊枝）でも可。

●足袋・白いソックス
茶室に入る前は、必ず清潔な足袋（ソックス）に履き替えて。

茶会の流れと作法

お茶会の作法は、さまざまな和の振る舞いの際に通じるものが多く、覚えておくと役に立ちます。ここでは、最低限の基礎知識をご紹介します。

1. 寄付（待合室）で身だしなみを整え、全員が揃ったら正客から順に露地（庭）に出て、腰掛け待合で主人の迎えを待つ。
2. 「つくばい」と呼ばれる石の鉢に入った手水《ちょうず》で手と口を清める。
3. 正客から順に茶室に入り、亭主が客の前で炭をついだのち、懐石料理をいただく。
4. いったん茶室から出て茶の準備が整うのを待つ。これを「中立ち」という。
5. 鳴り物（鐘《かね》や銅鑼《どら》など）の合図で、再び手水で手と口を清める。
6. 茶室に入り、床の間、釜、道具組を拝見する。
7. 菓子を食べる。
8. 濃茶を飲み回す。
9. 茶道具を拝見する。
10. 亭主が後炭を入れる。
11. 薄茶をいただく。
12. 寄付に戻り、あいさつを交わす。

Column 茶道の流派

「茶の湯」ともいわれる茶道は、来客の際の茶のいれ方や飲み方の伝統的な作法で、「もてなし」と「しつらい」の美学ともいえるもの。もともとは奈良時代に中国大陸から持ち込まれた茶は、安土桃山時代に千利休《せんのりきゅう》が「わび、さび」といわれる簡素な趣や、一期一会《いちごいちえ》の心を取り入れて茶道を大成しました。

豊臣秀吉の怒りをかって切腹させられた千利休ですが、千家はその後、利休の孫である宗旦《そうたん》の時代に「表千家」「裏千家」「武者小路《むしゃのこうじ》千家」という三派に分かれて再興。これが庶民の間にも広まり、現在まで千利休の茶道を伝えています。

現在ではこの三派のほか、江戸千家、薮内《やぶうち》流、遠州《えんしゅう》流、雲州《うんしゅう》流、松尾流などさまざまな流派が存在します。松尾流などは利休以前の古い派で（応仁の乱を境に京から移った）、もともとは戦場で武士がたしなんでいた茶道を、利休がインドア対応に洗練させたといえます。

お茶席でのマナー

茶会ではお茶を楽しむだけではなく、移ろう季節を実感したり、掛け軸や花器の美しさを味わうことも忘れてはいけません。それに付随するマナーも一つひとつ決められています。

清潔な足元に替え手と口を清める

大きな荷物はあらかじめクロークに預けておきますが、和装の場合、茶席で必要な懐紙や扇子、菓子切りなど小物は胸元へ入れておきます。洋装の場合は、それらの小物をポケットに入れておくのはあまり好ましくありませんので、小さなハンドバッグに入れてもよいでしょう。

寄付と呼ばれる待合室で客が揃うのを待つ間、髪の毛や襟元などの身なりを整えます。足袋《たび》を替えたり、靴下を履くのもこのとき。茶室へは清浄な足で入るのがマナーです。

客が揃ったら正客から順に露地（庭）に出て鑑賞します。茶室に入る前は、必ず手水《ちょうず》を使って手と口を清めるのが習わし。茶室に入ったら履き物を揃え、わきに置きましょう。

茶室に入ったら床の間を拝見する

茶室に入ったら、まず床の間を拝見します。床の間には、亭主が客のためにと心を尽くして選んだ掛け軸や花が飾られているので、招かれた側も、そんな亭主の気持ちに応えるよう、心を込めて鑑賞するのが茶の席での礼儀です。

正客から順に床の間の正面に座り、扇子を置いて、まず一礼。両手を畳につけたまま掛け軸を拝見したあと、再び一礼して花と花器を拝見します。

掛け軸は、その日の茶会のテーマに合ったものや、ゆかりの人の筆によるものが飾られている場合も多く、花や花器から季節を感じ取ったり、掛け軸との調和を楽しみましょう。拝見し終えたら、正客から順にそれぞれの指定の席へ座ります。

Column 手水のしかた

右手にひしゃくを持って水を汲み、左手を清める。次に左手に持ち替え、右手を清める。

1

再び右手にひしゃくを持って水を汲み、左手で水を受けて口をすすぐ。ひしゃくに直接口をつけるのはNG。

2

もう一度、水を左手に流す。最後にひしゃくを立て、残った水で柄の部分を流して洗い、水を切る。

3

お茶の席での基本的な所作

濃茶→薄茶の順にいただくのが正式ですが、大寄(大人数)の茶会では、薄茶のみを独立させてふるまう場合がほとんど。濃茶も薄茶も作法はほとんど一緒ですので、ポイントさえ押さえれば大丈夫です。

濃茶(こいちゃ)

薄茶がひとりずつ別の茶碗に点てるのに対し、濃茶は人数分をひとつの茶碗に点て、それを全員で飲み回していきます。

茶碗の向きを変えて3口半で飲んだり、飲み口を指でぬぐう作法は薄茶と同じ。茶碗を次客へ回すときは、必ず畳のへりの外側に置くこと。次客との間に茶碗を置き、浅く礼をします。

飲み終えたら茶碗を畳に置き、左手を添え、右手の親指と人差し指で口をつけた部分をぬぐい、その指を懐紙の端で拭きます。

再び茶碗を持ち上げて時計回りにまわし、出されたときと同じように茶碗の向きを戻します。最後に、右手で茶碗を畳のへりの外に置きます。

薄茶(うすちゃ)

正式なお茶の席ではなくても、懐石料理のお店などで出される機会が多いのが薄茶です。

飲み方以外にも、次客へは「お先にいただきます」、亭主には「お点前《てまえ》ちょうだいいたします」とあいさつをするなど、礼儀正しさを心がけましょう。

右手で茶碗を持ち上げ、左手の手の平にのせます。茶碗は正面を向いて出されますが、そのままの位置に口をつけるのはNG。右手で茶碗を反時計回りに回し、正面が右の位置にくるようにずらします。

茶を3口半ほどに分けて飲みます。ひと口目は味や香り、色を堪能するようにゆっくりと飲むといいでしょう。残りの茶は吸い音を立てて飲み干してもかまいません。

センスアップ

和菓子の食べ方

最近では、食べる機会もケーキなどより少なくなった和菓子。その繊細な外観を楽しみつつ、食べ散らかさないように懐紙などを上手に使って食べるようにしましょう。

●生菓子

黒文字(楊枝)でひとくち大に切りながら食べます。使用済みの黒文字は持ち帰ってかまいません。

●干菓子

手で取って口に運びます。ひとくちで食べられない場合は、片側の懐紙を折り曲げて手で割り、ひとかけらずつ食べます。

Column

茶碗の鑑賞のしかた

茶を飲み終えたら、畳に置いた茶碗を拝見し、色合い、形、窯元など、全体を鑑賞しましょう。

体を前かがみにし、ひじを膝につけて両手で持ち、器の図柄など部分的にじっくり鑑賞します。器を落とさないための所作です。

鑑賞し終わったら、器を畳のへりの外側に戻し、再び全体を鑑賞します。ちなみに、点前がすんだら、両器(棗《なつめ》と茶杓)も拝見します。鑑賞のしかたは茶碗と同じで、全体→部分→全体の順に鑑賞し、次客へ回します。

訪問のマナー ～訪問前の心得

いくら親しい間柄でも、なんの約束もなく突然訪ねられても相手は困るだけ。1週間前には電話で訪問の約束をしておきますが、急な用事で伺う場合でも、最低でも30分前には連絡したいもの。

訪 Visit

事前に訪問日時を決めておく

あらたまった訪問の場合、1週間ほど前には電話で訪問の約束を取り付け、日時などの打ち合わせをしておきましょう。

まず、先方の都合を聞きますが、「当方はいつでもかまいません」と言った場合でも、早朝や夜半、食事時など、忙しい時間帯は外すのがマナーです。また、車で訪問するときは、近くに駐車場があるのかどうかも確認を。路上駐車は先方の迷惑になります。

先方への到着時間は早すぎても遅すぎても×

当日は、約束の時間より5分過ぎくらいに訪れるのがベストです。相手も客を迎える準備をしていますから、早く訪れると慌てさせてしまうことになります。

なお、10分以上遅れるときは、電話をして遅れる旨を伝え、だいたいの到着時間を知らせましょう。

あらたまった訪問にふさわしい装い

香水やメイク、アクセサリーは控えめに。
衣服に汚れやシワがないか、前日までに確認を
プリーツスカートやフレアスカート、露出の少ないワンピースなどが望ましい。ミニスカートは和室で正座するには不適切。
玄関で脱ぎにくいロングブーツは避けて。素足にサンダルもNG。ストッキングは必ず履きましょう。

玄関でのあいさつは手短に

「ご無沙汰しております」「今日はお招きいただきましてありがとうございます」などとあいさつをし、軽くお辞儀をします。正式なあいさつは部屋に通されてから行なうので、ここでは簡単にすませてOK。

センスアップ

玄関前で服装をチェック

コートやマフラー、帽子などを外します。髪や服装の乱れや、化粧くずれはしていないか、靴下やストッキングにたるみがないかなどを確認します。
なお、玄関に入りドアを閉めるときは相手にお尻を向けないよう、体を斜にずらします。また、バタンと音を立てないよう、ていねいに静かに閉めることを心がけて。

あいさつと手みやげの渡し方

タイミングを逃すと渡しづらくなってしまいます。
あいさつが終わったらすぐに紙袋から品物を取り出して渡すようにしましょう。

【和室の場合】

「どうぞお召し上がり下さい」などと、ひと言添え、両手で押すようにして差し出します。品物を相手に向ける動作はスピーディに行なったほうがスマート。

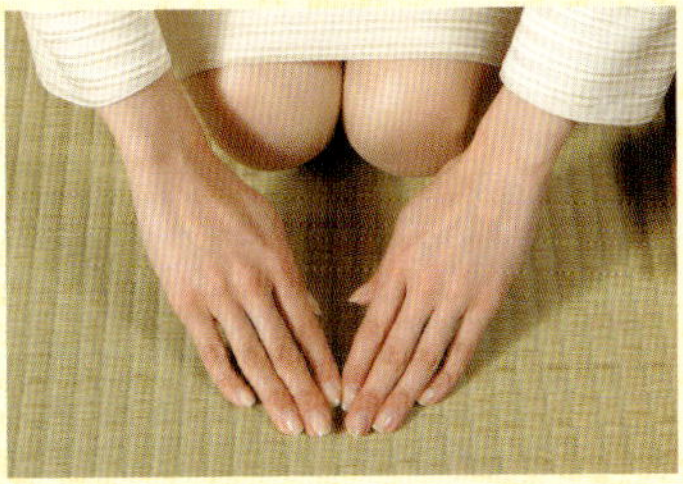

姿勢を正し、「本日はお忙しいところお時間をいただき、ありがとうございます」「ご無沙汰しております」などのあいさつを述べ、深くお辞儀をします(P65参照)。お辞儀の際、指先を揃えておくと美しく見えます。

1

品物の正面を自分に向けて畳の上に置きます。紙袋は軽くたたんで下座側へ置いておきましょう。

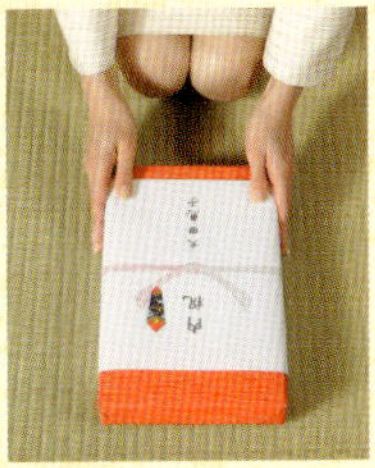

2

品物を時計回りに90度回します。

3

さらに同じ方向に90度回して正面を相手に向けます。

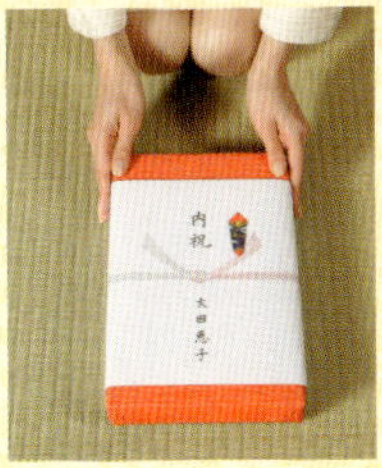

【洋室の場合】

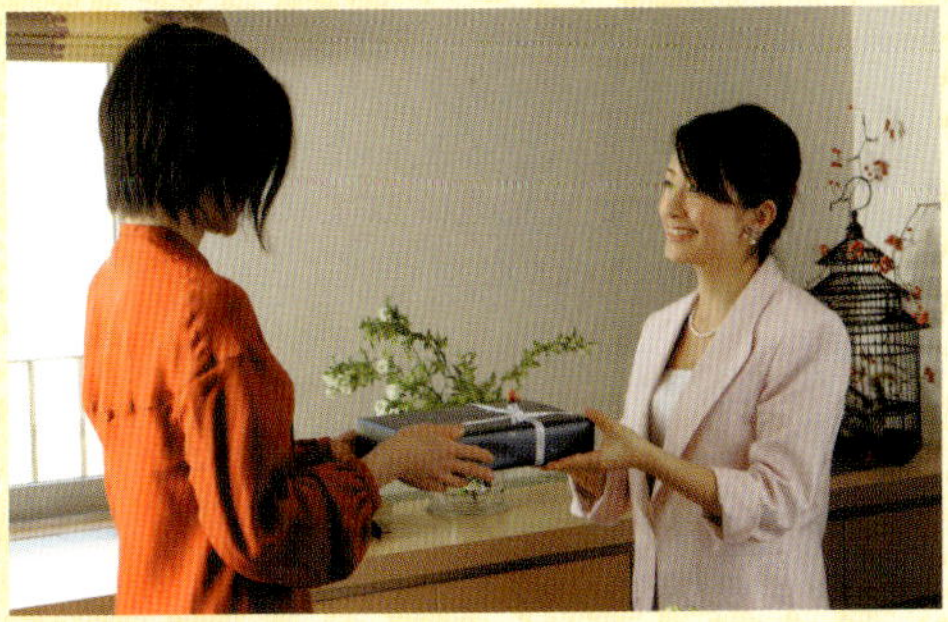

「今日はお招きありがとうございます」などとあいさつをすませたら、立ったまま紙袋から手みやげを取り出し、「お口に合うといいのですが」などとひと言添え、正面を相手に向けて両手で差し出します。

洋室の席次

先方からの指示がなければ、下座の椅子の近くに立って相手を待ちます。「おかけになってお待ちください」と言われたらそれに従いましょう。

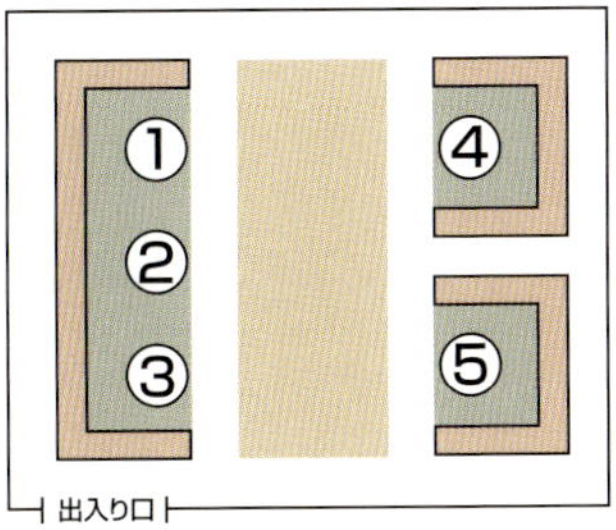

応接セットの場合は長椅子が一番格上。さらに出入り口から遠い席が上座となります。

センスアップ 椅子の座り方

ソファやアームチェアの場合は浅めに腰掛け、太ももに重心を置くように座るとバランスが取れます。アームレスチェアやスツールの場合は、膝から下を斜にそろえると、きれいです。太ももに重心をかけ、背筋を伸ばして座りますが、いずれも、背筋を伸ばして姿勢よく、両足を揃えるのを忘れないようにしましょう。

飲み物・食べ物をいただくときのマナー

熱いお茶は熱いうちに、冷たいお茶は冷たいうちに飲みましょう。茶菓も同様。食べるときは姿勢に気をつけて。

美しいお茶の飲み方

日本茶

1 前から静かにふたを開け、ふたを茶碗のふちに沿って回すようにして水滴を切ります（露切りの所作はP72参照）。蓋は裏を上に向けて右側に置きましょう。

2 右手で茶碗を持ち、左手を底に当てていただきます。ズズッと音を立てないように注意しながら飲みましょう。

3 茶碗は静かに茶托に置き、飲み終えたら、ふたを元どおりにかぶせておきます。

紅茶・コーヒー

1 砂糖やミルクははねないように注意しながら、静かに入れます（P53参照）。スプーンでかき混ぜるときもカチャカチャと音をたてないように注意。カップを持つときは持ち手の指先は揃えて。

2 ただし、デミタスカップのような小さなカップ以外は、取っ手に指を差し込んでもOKです。小指を立てないように気をつけましょう。

テーブルが離れている場合

左手にソーサーを持って飲みます。ソーサーの位置は、胸の下あたりになるように持つとスマート。

Q&A

飲み物の好みを聞かれたら？

「お茶とコーヒー、どちらがよろしいですか？」「暖かいものにしますか？　冷たいものにしますか？」などと聞かれたときに、「どちらでもかまいません」と答えるのはNG。

これは先方が一番困る答えです。遠慮せずに「温かいコーヒーをお願いします」と自分の好みを伝えましょう。

ただし、上司や目上の人と一緒に訪問した場合は、先方に余計な手間をかけさせないために、同じものを頼んだほうがベターです。

嫌いな食べ物が出されたら？

苦手な食べ物が出されても、先方のもてなしの気持ちを考えれば、まったく口をつけないのは失礼というもの。嫌いなことを悟られないようにいただくのが大人のマナーです。

どうしても食べられない、という場合は無理しなくてもかまいませんが、ただ、そのまま伝えると相手に気をつかわせてしまったり、人によっては不快な思いをさせてしまいます。「残念ですが、食事をすませたばかりですので…」などと、やんわりと断るようにしましょう。

茶菓の食べ方

食事をすすめられたら

食事がメインの招待ではない場合、食事時になる前においとまするのがマナーです。先方に食事をすすめられても、「そろそろおいとましますので」と辞退したほうがいいでしょう。

ただし、すでに食事の支度が整っていたり、出前を注文したあとなら話は別。ありがたくいただきましょう。

和菓子

添えられた黒文字で、左側からひとくち大に切りながら食べます。口のほうをお菓子に近づけないように、姿勢を正して食べましょう。

ケーキ

ケーキの周りに巻かれたセロファンは、フォークで巻き取ってたたみ、端に置き、左端からひとくちサイズにカットして食べます。

食べ終わったら、下に敷いてあったアルミ(紙)とセロファンをたたんでまとめます。

Column

帰るときのマナー

おいとまを切り出すのは必ず訪問側。1時間を目安に切り上げましょう。話題がちょうど途切れたときや、先方がトイレや電話で席を立って帰ってきたとき、お茶を入れ替えようとしたときなどに「そろそろおいとましますので」と切り出すとスムーズです。

和室の場合は座布団の下座側に正座をし、洋室の場合は椅子の横に立って「今日はお忙しいところをありがとうございました」と感謝の気持ちを伝え、玄関へ。

コートやマフラーは玄関の外で着用しますが、先方にすすめられたら玄関内で着用してもよいでしょう。

センスアップ

膝元にハンカチを

冷たい飲み物のグラスについた水滴でテーブルを汚してしまったり、食べ物をこぼしてしまったときにすぐに対処できるよう、あらかじめ膝元にハンカチを置いておくと安心です。

食べている最中に口元をぬぐったときは、汚れた面が見えないよう、内側に折り返しておく心配りも忘れずに。

ハンカチは訪問の際には必要となるシーンが多いもの。念のため2枚用意しておくとよいでしょう。

お客様を迎えるときのマナー

来客をお迎えする準備は、できれば約束の時間の30分ほど前には終わらせておきたいもの。
掃除をしたり茶菓を用意するだけでなく、訪問が長引いた場合の対処策も考えておくと万全です。

迎 Hospitality

まずは掃除から 雨の日対策も万全に

お客様を迎えるときは、気持ちよくすごせるような環境をつくることが大切。それには、まず掃除です。客間、玄関、洗面所、トイレなど、お客様のよく目につく場所を念入りに掃除したうえで、家の隅々にまで充分な換気をし、快適な温度にしておきます。

花を飾ったり、お香をやアロマなど、においにも気を配ります。玄関の靴はきれいに整理し、お客様用のスリッパを用意します。

雨の日は、足拭き用のタオルや、靴が濡れたときに詰める新聞紙などもあらかじめ用意しておき、さりげなくすすめましょう。

玄関の出迎えから はじまるおもてなし

チャイムが鳴ったらなるべく早く出ること。お客様を玄関に長く立たせておくのは失礼です。「ようこそいらっしゃいました」と笑顔で出迎えるようにしましょう。

お客様が靴を脱ぐ前に上着や荷物などを預かり、コートはコート掛けに。スリッパをすすめ、客様を客間に誘導します。

手みやげをいただいたら、喜びの気持ちを素直に伝えること。なお、玄関で受け取ってそのまま放置するのは配慮に欠けます。サイドボードや床の間にいったん置くか(床に直接置くのはタブー)、お茶をいれに立ったときにキッチンに持って行きましょう。

センスアップ

お茶の前におしぼりを

来客を迎える準備のなかで忘れがちなのが、おしぼりです。お客様が入室したら、まずお茶を出しますが、その前におしぼりを一緒に出せれば上級者。
おしぼりは、夏なら冷たいおしぼり、冬は暖かいおしぼりが理想的です。
また、来客が喫煙者の場合、灰皿とライター(マッチ)も準備しておきましょう。

One Point

コートの折りたたみ方

お客様からお預かりしたコートを折りたたむ際は、図のように裏地を外側にして両肩を合わせ、3つか4つに小さくたたみます。

客間へ誘導する際に、背中を向けない

客間へ案内するときは、先に立って誘導します。ポイントはお客様に背を向けないこと。少し体を斜めにしてときどき振り返りながら「こちらへどうぞ」と言って、ゆっくりと歩きます。
なお、階段ではお客様を先に通すようにしましょう。

部屋への通し方

部屋にお客様を招き入れる際のやり方は、扉の形状によって異なります。部屋にお通ししたら、さりげなく上席をすすめるのを忘れずに。

【ドアの開け方】

●引く扉の場合

ドアを引いて開け、片手でノブを押さえてドアの横に立ち、お客様を先に通します。上座を示して座るようにすすめます。

●押すドアの場合

自分が先に入り、体の向きを変え、中からドアをさらに開けてお客様を招き入れます。上座を示して座るようにすすめましょう。

【ふすまの開け方】

お客様にお尻を向けないように斜めに座り、ひざをついてふすまを開け、揃えた手で室内を指してお客様に先に入ってもらいます。
上座を示して「どうぞお座りください」とすすめ、座布団に座ってもらいましょう。

One Point

お見送りのマナー

お客様がおいとまを切り出しても、一度は引き止めるのがマナー。それでも相手が帰る意思表示をしたら、従いましょう。

お客様を玄関まで誘導し、靴を履き終わったらコートを渡します。「どうぞここでお召し下さい」と、着やすいように広げて渡すと親切です。

見送りは玄関でしますが、目上の人やあらたまった訪問の場合は、門で相手の姿が見えなくなるまで見送ります。

相手が見送りを断った場合でも、すぐ鍵を締めたり、玄関の明かりを消したりしないようにしましょう。

センスアップ　きれいにしておきたい場所

客間をきれいにしておくのはもちろんですが、それ以外にも、招待した側の心配りを感じさせるお掃除のポイントがあります。

シンクと鏡を磨きます。ヘアブラシやヘアピンなどは見えない場所にしまい、タオルは乾いたものに取り替えて。ハンドソープの容量とボトルの詰まりもチェック。

トイレ掃除のポイントは水洗金具。ここを磨いておくと格段にきれいに見えます。トイレットペーパーの補充をし、新しいタオルを準備。芳香剤は控えめに使いましょう。

靴を片づけ、玄関マットをきれいにし、人数分の清潔なスリッパを準備。雨の日には、タオルや傘立ての準備もしておきます。靴べらも忘れずに。

茶菓のすすめ方

お茶だけでなく茶菓も一緒にすすめるのがマナー。お盆にのせて運び、最初にお菓子、次にお茶の順で出します。

和室では

これはNG

茶托をセットして運ぶのはNG

お茶を出す際、お盆の上であらかじめ茶托にセットしてお持ちするのはタブーです。というのも、少しのお茶がこぼれても、茶托がお茶碗にくっついてしまうことがあるからです。茶托は、必ずお出しする直前にセットするようにしましょう。

下座側の畳の上にお盆を置きます。お盆はテーブルの上には置かないので注意して。

洋室では

テーブルの隅かサイドテーブルに

洋室の場合は、お盆はテーブルの隅かサイドテーブルがあればその上に置きます。和室のときと同様、お菓子→お茶の順に出します。テーブルが低いときは膝をつくと安定しますが、高さによっては中腰で出すこともあります。

お菓子→お茶の順に出します。なお、おしぼりを用意している場合は一番先に。

お茶とお菓子の位置

日本茶、紅茶・コーヒーいずれも、お客様から見て左にお菓子、右にお茶がくるように置きます。

おいしいお茶のいれ方

コーヒー

01 ペーパーフィルターをドリッパーにセットし、ひとり分大さじ1弱を目安にコーヒー粉を入れます。

02 沸騰したての熱湯を、フィルターのふちから「の」を描くようにまんべんなく注ぎ、約1分蒸らします。コーヒー液が落ち始めたら注湯をやめること。

03 再び「の」を描くようにゆっくり熱湯を注ぎます。分量によって、数回に分けてコーヒーを抽出しましょう。

紅茶

01 水道の蛇口から勢いよく出した、汲み立ての水道水を沸騰させ、ポットとカップに湯を注いで温めます。ポットの湯を捨て、ひとり分ティースプーン1杯を目安に人数分の茶葉を入れます。

02 沸騰する直前の熱湯（95℃くらい）を注いで3～5分蒸らし、最後の1滴までカップに均等に注ぎます。

Coffe & Tea

玉露（ぎょくろ）

01 沸騰させた湯を急須に入れて5分ほどおいて冷まし、茶碗の7分まで注ぎ入れます。

02 急須に残った湯をすべて捨て、1人分小さじ2杯を目安に茶葉を入れ、茶碗の湯を戻します。

03 2分ほどおいて玉露の旨みをじっくり引き出し、茶碗に交互に注ぎ分け、最後の1滴まで注ぎます。2煎目の待ち時間は30秒～1分。

煎茶（せんちゃ）

01 煎茶にはポットのお湯（80℃前後）を使うと、おいしさが引き立ちます。まず、急須と茶碗に湯を注いで温め、湯をすべて捨てます。

02 急須に小さじ1杯（ひとり分）を目安に茶葉を入れ、新たに湯を入れて40～50秒蒸らし、茶碗に交互に注ぎ分けます。

Green Tea

センスアップ

茶器のセットのヒント

●お茶

煎茶の場合は、小さめの湯のみ茶碗に入れるとおいしさが引き立ちます。ふたがあるもの、ないものに関わらず、茶托はなるべくつけて。絵柄がある湯のみ茶碗で出す場合は、相手に絵柄が向くように置きます。

●コーヒー・紅茶

コーヒー用のカップはやや小ぶりで深めの形のもの、紅茶用は口が開いた浅めの形のものが正式。お客様の正面に絵柄がくるようにして、取っ手を右側にして置きます。スプーンは柄が右にくるようにして手前に置いて。

Q&A

お茶のお代わりを出すタイミングは？

飲み物が空になっているときは、「もう1杯いかがですか」と聞いてからいれ替えましょう。まだお茶が残っていても、出してから30分ほどたったら「新しいものにいれ替えましょうか」とお代わりをすすめます。

いずれの場合も、残ったお茶への注ぎ足しは禁物。残っているお茶を茶こぼしに捨て、茶碗をすすいでからいれ直して。

いただいたお菓子を出してもよい？

手みやげを茶菓子として出すのは、正式な場ではマナー違反ですが、生菓子などは「おもたせですけど……」と、ひと言断ってから出してもいいでしょう。

もし、いただいた茶菓子と用意していたものが似たものだったときは、いただいた手みやげのほうをお出しするのがマナーです。

お茶はその場でいれたほうがよい？

あらたまった席では別室でいれたものを出すのがマナーですが、親しいお客様の場合は、その場でお茶をいれてもかまいません。

その場合、お茶のセット一式とふきん、飲み残したお茶をいれる器を用意し、お盆の上で茶托を外してから注ぎます。

ホームパーティのマナー ～招かれた側

宴 Party

家庭的なムードを楽しめるのがホームパーティの魅力ですが、「お招きいただいた」という意識は忘れずに。ラフすぎる服装は避け、全員で食べられるような手みやげを持参しましょう。

招待の返事はなるべく早く出す

ホームパーティの招待を受けたら、出欠の返事はなるべく早く伝えるのが鉄則です。

主催者側は数日前から準備で忙しいもの。早めに人数を確定したいと思っているはずなので、やむを得ない理由があるならともかく、開催日ギリギリまで返事をしないのは配慮に欠けます。

ホームパーティにふさわしい装い

服装はパーティの趣旨やメンバー、時間帯などによって変わってきますが、普段よりきちんとした装いを心がけて。家庭的な雰囲気を楽しめるのがホームパーティの魅力とはいえ、れっきとした「お招き」ですから、こちらも礼を尽くした装いで応えるべきです。

カジュアルな服しか持っていないという人も、アクセサリーやベルト、スカーフなどの小物をプラスすれば、ワンランク上のおしゃれになります。

手みやげはその場で食べられるものを

手みやげは、その場でみんなで取り分けて食べられるものがベスト。足りないことのないよう人数分買っていきます。

大人数のパーティの場合、菓子類やデザートなどは他の出席者のおみやげとも重なりやすいので、飲み物やオードブルなどにしてもよいかもしれません。

当日は、約束の時間より早く到着しても、先方の準備が整っていないことも考えられます。5～10分遅れていくのも、よしとされています。

Q&A 片づけのお手伝いはするべき?

家でおもてなしするとなれば、使う食器やシルバーの数も大量。洗いものをするにも時間がかかります。パーティが終わる頃になったら「食器を洗いましょうか」とホストにひと声かけてみましょう。

ただ、ホストによっては食器をしまう場所や片づけの順番にこだわる人もいますし、参加者が大勢でキッチンに立つとかえって非効率名場合も。

「どうぞお構いなく」と言われたら、そのまま従ってOK。無理やり片づけのお手伝いをする必要はありません。

ホームパーティのマナー ～招く側

料理をすべて手作りするのが難しいなら、出来合いのものをうまく利用してもよいでしょう。ホスト側の態度に歓迎する気持ちが表れていれば、おもてなしの気持ちはきっと伝わるはずです。

宴 Party

あまり大袈裟に考えず等身大のパーティを

パーティといっても、気負わなくても大丈夫。ゲストもホテルのような完璧なおもてなしを期待しているわけではありません。身の丈に合ったアットホームな雰囲気を演出することを心がけましょう。

掃除をして部屋をきれいにし、食べ物や飲み物を用意しましょう。あとはお客様を歓迎する気持ちを素直に表現すればOK。パーティの雰囲気づくりはホスト側の態度いかんにかかっています。チャイムが鳴ったら、笑顔で招き入れましょう。

全員が楽しめてこそパーティの意味がある

招待客同士が初対面の場合は、ホストが紹介します。おもてなしの準備で慌ただしくても「○○さんを紹介してもよろしいですか?」と声をかけて。パーティが始まったら、一部の人だけにしかわからない話は避け、皆が楽しめる話題を提供する配慮も忘れずに。

また、空いた食器は早く下げすぎないこと。ゲストに帰りを促していると思われてしまうことのないよう、折りをみてさりげなく片づけるようにします。

センスアップ

パーティでのさりげない演出テクニック

コースターや箸置きは色かモチーフに統一感を持たせる

コースターや箸置きは、テーブルの上を印象づける重要なアイテム。人数分を統一するもよし、わざとバラバラにしてもいいでしょう。
ただし、後者の場合は何かひとつテーマを決めたり、色の組み合わせがケンカしないものを合わせるようにしましょう。

器の意外な使い回し

新たに用具を購入しなくても、いまあるものを使ってお洒落な演出ができます。たとえば、ガラス製の大きなサラダボウルがあれば、ワインクーラー代わりにできます。氷を入れ、さらに花を加えるてグンとお洒落に。ほかにもいろいろ考えてみましょう。

冷たいものはあらかじめ冷やしておく

冷たいドリンクを出すときは、あらかじめ冷蔵庫でグラスを冷やしておくとよいでしょう。同様に冷たいオードブルなどを出すときも、器をある程度冷やしておくと、部屋の温度で料理が温まるのを防げます。

Column 欧米式ホストの心得

●お客様をくつろがせる

パーティ慣れしている欧米でも、招く側はお客様が楽しみくつろぐための工夫を、常に心がけています。たとえば、雰囲気にあったBGMを用意したり、洗面所では、女性同士で少し息抜きできる工夫があるなど。立派なお料理を揃えることだけが「おもてなし」ではないのです。

●お酒は男性がサーブする

欧米では、お酒はホスト(男性)がサーブするのが決まり。女性がお酒をサーブすると下品に思われる可能性もあるので注意しましょう。

アフタヌーンティー・パーティの楽しみ方

夕方に向けて午後の時間をゆったりと楽しむイギリスの習慣、アフタヌーン・ティー。気のおけない友人を招いておしゃべりを楽しむ優雅なティータイムです。招くときはお茶受けも忘れずに。

英国独得の習慣 きっかけは何でもOK

「アフタヌーンティー」は、もともとヴィクトリア時代のサロンで流行したお茶会のこと。焼き菓子やサンドイッチをお茶受けに、茶葉でいれた紅茶をゆったりと楽しむ習慣です。忙しい日常生活を忘れ、友人ととりとめもないおしゃべりを楽しむにはかっこうのパーティです。

パーティだからと気負う必要はありません。誘うきっかけは「ケーキが上手に焼けた」「新しいティーセットを買った」など、ちょっとした理由でかまいません。そのほうがお客様も気軽に参加することができます。

スコーン・サンドイッチなどのお茶受けを準備

招待客の人数は、ティーポットの容量に合わせるのが基本。ティーセットと茶葉2~3種類のほか、スコーンやサンドイッチ、ケーキなども用意します。

アフタヌーンティー・パーティの開始時間は、お昼が終わって一段落した午後3時ごろがベストです。パーティが始まったら、ゲスト全員にお茶がゆき渡っているか、使い終わった食器が出しっ放しになっていないかなど、常に気を配りましょう。

topics

おいしい紅茶に不可欠な丸い形のティーポット

紅茶をおいしくいれるためには、ポットにお湯を入れた際に茶葉をジャンピング（葉が踊るように上下運動を繰り返すこと）をさせる必要があります。このジャンピングをさせるのに一番適しているのが、丸い形。

ほかにも、茶葉をジャンピングさせるコツとして、まず、水は軟水を使うこと。ミネラルウォーターよりも汲みたての水道水のほうが向いています。そして、沸騰直前の「熱すぎず、ぬるすぎず」のお湯を使うこと。

アフタヌーンティー・パーティのテーブルセッティング

**優雅な午後のひとときをすごすお茶会では、食器にも気を配りたいもの。
色やモチーフなどに統一感をもたせると、おしゃれに決まります。**

❶ティースプーン（メジャースプーン）
茶葉を計量するスプーン。1人分＝ティースプーン1杯が目安。

❷カップ＆ソーサー
口径が広いもののほうが香りを楽しめる。紅茶の色を美しく見せるため、内側が白のカップがベター。

❸ティーポット
ボウルのような丸い形だとジャンピングしやすい。濃くなったお茶に差すお湯を入れておくために、ティーポットと同材質のものをもう1つ用意しておいても。

❹ティーコージー＆ティーマット
紅茶を浸出させている間にポットが冷めないようにかぶせておくカバーとマット。

❺ティーストレーナー（茶こし）
小さな茶葉も逃さない目の細かいものがおすすめ。

❻ミルクジャグ
ミルク入れ。垂れないように注ぎ口の切れがよいものを。

❼ティーナイフ＆ナイフ
スコーンなどのお茶受けをいただくときに使うもの。

❽ケーキスタンド
お茶受けをのせるトレー。お茶受けの定番は、サンドイッチ、スコーン、ケーキの3種類。サンドイッチのフィリングは1種類は必ずきゅうりにするのが伝統的なスタイル。

Column

アフタヌーンティー・パーティの形式

イギリスでは、紅茶とともに出されるケーキや飲み物によって、いくつかの種類に分けられます。

❶Full Tea（フル・ティー）
サンドイッチ、スコーン、プチ・フルーツタルト、プチ・ケーキ。

❷Royal Tea（ロイヤル・ティー）
フル・ティーのコースにシャンパンが付く。

❸Light Tea（ライト・ティー）
フル・ティーの略式。通常はスコーンとプチケーキのみ。

❹High Tea（ハイ・ティー）
フル・ティーにチキン、ミートパイ、サラダ、チーズ＆ビスケット、フルーツなどがつくディナー感覚のコース。

●スモークサーモンのサンドイッチの作り方

❶きゅうりは薄切りにして塩少々をふりかけ、しんなりしたらクッキングペーパーで水気をふく。
❷パン4枚それぞれの片面にマスタードバターをぬり、2枚にきゅうりを重ね気味に並べ、残りの2枚ではさむ。
❸パン4枚それぞれの片面にレモンバターをぬり、2枚にスモークサーモンを敷いてブラックペッパーをふり、残りの2枚ではさむ。②とともに食べやすい大きさに切って器に盛る。

■イングリッシュ・スコーンの食べ方

スコーンの横からナイフを入れて上下に分け、上にジャムやクロテッドクリームをたっぷりのせてます。

[クロテッドクリームの作り方]
スコーンに欠かせないクロテッドクリームは、バターと生クリームの中間のような味わいで、スコーンには欠かせないもの。家で作るなら、ボウルに生クリーム200cc、サワークリーム100cc、ハチミツ大さじ3〜4杯を入れて泡立て器で七分立てにすれば完成です。

カクテル・パーティの楽しみ方

宴 Party

好きなお酒を混ぜ合わせて楽しめるカクテル・パーティ。夏場に飲む冷たいカクテルは格別なおいしさです。ルールは特にありませんが、あまりうんちくを傾けすぎて煙たがられないように。

肩ひじをはらずに気軽におもてなし

映画やテレビなどで見かけるセレブリティたちのパーティから、仲間同士の気軽な集まりまで、欧米ではポピュラーなカクテル・パーティ。

お酒が入ることでいつもより会話が弾み、親交が深まりやすくなるのも魅力です。

楽しい時間がすごせるよう、あまり肩ひじをはらずにお客様をもてなしましょう。

お酒はゲストに持ち寄ってもらっても

まず、カクテルの材料を用意します。ウォッカやブランデーやリキュールなどベースになるお酒と、オレンジジュースやソーダなどの割材を揃えます。

本格的なカクテルを作るには、シェーカーやメジャー・カップなどの用具が必要ですが、ホームパーティ用ならマドラー(混ぜ棒)があれば十分。オレンジやレモンなどの柑橘《かんきつ》類をスライスし、飾りつけても素敵です。

招待客の人数が多く、お酒を揃えるのが大変なようなら、各自に好みのお酒を持ち寄ってもらいましょう。

招待状(P190参照)にその旨を記しておけば、好みのお酒を持って来てくれるはず。あとは、カクテルに合うつまみや料理を用意すれば準備OK。

Column

リキュールの種類と選び方

お酒は、ワインやビールなどの「醸造酒」、ウイスキ、ウォッカ、ラムなどの「蒸留酒」、そして、醸造酒や蒸留酒をベースに果物や香辛料、香草などを混ぜ合わせた「リキュール」の3つに大別されます。

いずれのお酒もカクテルに使用できますが、リキュールはほかのお酒に比べて比較的甘いものが多く、女性向きです。

選び方のルールは特にありませんが、ラベルの材料表示から実際の味を想像するのも一つの手。まずは、お気に入りの1本を見つけることからはじめましょう。

One Point

合わせる料理は軽めのものを

一般に、カクテルは、食前酒や食後酒として楽しむ飲み物。カクテル・パーティではフィンガー・フードのようなつまみや、お菓子、果物など、軽めも食べ物を合わせます。

自宅で簡単、おすすめカクテル

材料と分量さえ間違えなければ、ほどほどのカクテルは誰にでもつくれます。

場の雰囲気や会話を楽しみながら、腕を振るってみるのも楽しいひとときです。

「最初の一杯」の定番カクテル

ジントニック

●材料
ドライ・ジン……45ml
トニック・ウォーター、氷……各適量
レモンのスライス……1枚

●作り方
1 タンブラーにドライ・ジンと氷を入れ、トニック・ウォーターで満たしてマドラーで軽く混ぜ合わせる。
2 レモンのスライスを飾る。

あと口すっきり！ビールのカクテル

シャンディー・ガフ

●材料
ビール……タンブラーの容量の1/2
ジンジャーエール
……タンブラーの容量の1/2

●作り方
1 グラスにビールとジンジャーエールを半々に注ぐ。

鮮やかな色と飲みやすさで女性に人気

カンパリ・オレンジ

●材料
カンパリ……45ml
オレンジジュース、氷……各適量
オレンジのスライス……1枚

●作り方
1 材料をタンブラーに入れる。
2 氷を加えて軽く混ぜ合わせ、オレンジ・スライスを飾る。

Column ワインパーティの楽しみ方ともてなしのコツ

日本でもワインを楽しむ文化がすっかり定着しました。ワインは、いろいろな楽しみ方ができるお酒です。毎年話題になるボジョレー・ヌーボー解禁のように新鮮なワインを楽しむパーティもいいでしょうし、ヴィンテージワインなど、高級なワインを囲むパーティもあり、楽しみ方は自由です。

一般的に、赤ワインは室温で肉料理に合わせ、白ワインは冷やして魚料理に合わせる、などのセオリーがありますが、肉料理を白ワインで合わせる調理法や、魚と赤ワインが合う取り合わせもありますし、寒い季節はホットワインなど、ワインを暖めて味わったりも。型にとらわれず臨機応変に、そしてときには冒険してみるのもよいでしょう。

ワインは語りだせば深いお酒ですが、うんちくを語りすぎて場をしらけさせてしまったり、何杯も飲んで酔っぱらってしまうなど、周りの人に迷惑をかけないようにしましょう。

ビュッフェ・スタイルの楽しみ方

自宅のスペースにある程度余裕があるならビュッフェ・スタイルのパーティを開いてみては。料理はカナッペやピザなど簡単なものでOK。ゲスト各自で料理を取り分けるカジュアルなスタイルです。

パーティの趣旨に合ったテーブルコーディネイトを

よりカジュアルな雰囲気でホームパーティを楽しみたいとき、ゲストの人数が少し多めになりそうなときなどは、ビュッフェ(立食)形式がうってつけです。

ホストは料理を大皿に盛りつけ、人数分の取り皿、シルバー、グラス、飲み物を用意しておけばOK。あとはゲストがめいめい取り分けるのがビュッフェスタイルですから、着席式のパーティよりゲストも気楽に参加できます。忙しくて自分で料理するのが難しいようであれば、ケータリングサービスを利用してもよいでしょう。

ただし、パーティの雰囲気を決めるのはホストの役目。お祝いや誕生会など、パーティの趣旨を明確にし、テーマ性のあるコーディネイトを。場を盛り上げるBGMも忘れずに用意しましょう。

ビュッフェに招かれたときの注意点

ビュッフェに招かれたときは、なるべく室内を汚さないようにすること。自分が使ったお皿には料理を食べ残さないようにします。パーティが終わるころ片づけを申し出るのもよいでしょう。トイレや洗面所を長時間占領するのは控えましょう。

また、雰囲気や会話を楽しむのが目的のビュッフェ。お料理やお酒にばかり気を取られるのは避け全体の流れを楽しむようにしたいものです。

そして、いくらホストと親しい間柄でも、通された部屋以外の場所を勝手に覗くのはタブー。物を取りに行くなど何か用事があって違う部屋に行くときは、必ず「失礼します」とひと声かけてから。ホストに黙って家にあるものを勝手に移動するのもNGです。

Q&A デザートも最初から出しておいてよい?

ほかの料理と一緒にデザートを並べてしまうと、どうしてもゲストはデザートのほうばかりに夢中になってしまいがち。デザートはほかの料理と別にして、一番最後に出すほうがいいでしょう。
また、デザートはゲストに「区切り」を知らせる意味でも有効。
パーティを終わりにするタイミングが、なかなかつかみにくいときでも、デザートを出すことでパーティが終わりに近づいていることを、さりげなく知らせることができます。

パーティ演出の心得

パーティ会場の演出方法には、何が正解というものでもありませんが、コンセプトや方向性を決めるためのポイントはいくつかあります。

心得01 パーティの目的をはっきりさせる

最初に決めるのは「いつ」「誰と」「何のために」。それが決まれば「どんな食器で」「何を食べるのか」も決まってきます。

心得02 季節の行事を取り入れる

クリスマスやお正月を始め、バレンタイン、母の日、お月見、ハロウィン…など、季節の行事やイベントはイメージしやすく、テーブルコーディネイトのコンセプトとしてぴったり。

心得03 コーディネートに工夫を

テーブルクロスはもちろん、色とりどりのナプキンを用意するなど、コーディネートに工夫して。クリスマスなど、行事に合ったものを用意するのもいいでしょう。センスの見せどころです。

心得04 小物や照明を効果的に使う

仕上げに食卓の上に小物を飾ると効果的。夜は照明を落とし、キャンドルに火をつけるとムードが出ます。光の演出もパーティの雰囲気を左右する大切な要素です。

心得05 料理は見栄えよく、取りやすく

人の流れが煩雑になるような導線は避け、お目当ての料理やお酒を取ったら、すぐにテーブルから離れられるようにセッティングするといいでしょう。

One Point グラスを間違えないためのひと工夫

会話や食事で盛り上がり、宴もたけなわになると、つい自分のグラスがどれなのかわからなくなってしまうのはよくあること。そんなときに、グラスにちょっとしたアクセサリーをつけて選別できるようにしておくと、見た目にもお洒落で間違いもなくなりますよ。

ひと工夫してお洒落な招待状を出す

招待する側もされる側も楽しみなホームパーティ。事前にちょっとおしゃれな招待状を送ってみてはいかがでしょう。形式は自由自在。きっと、パーティの日が待ち遠しくなります。

ディナー・パーティ

こんな大人の雰囲気の招待状もおすすめです。招待される側も、とびきりのおしゃれをして来てくれます。

センスアップ

招待状に使いたい ワンポイント・メッセージ

招待状にはいろんな省略されたメッセージが散りばめられています。よく使われる省略形を覚えておくといいでしょう。

R.S.V.P.
(Repondez sil vouz plait)

フランス語の略語なのに、英和辞典にも載っているほど、英語圏でも一般的に用いられる略語です。正式な招待状にも使われる言葉で、カードの末尾に記します。

B.Y.O.B.
(Bring Your Own Bottle)

「お酒持参のこと」という意味。このメッセージが入っていたら好きなお酒を持参するようにしましょう。

カクテル・パーティ

イラストやシールでコラージュしたり、チョコレートの木箱を手紙代わりに使ったり。楽しさを表現します。

パーティの席でのお洒落なメッセージカード

招待客の座席を示すネームプレートをナプキンリングにセット。CDケースを利用したメニュー表など、身近なものを工夫するだけで、お洒落な演出ができます。

アフタヌーンティー・パーティ

楽しい午後のひとときを優雅にすごすアフタヌーンティーの招待状。ポットやカップのモチーフをうまく使って。

忘れてはいけないサンキューカード

お招きのあとは、お礼のカードを送るのはマナーの基本。楽しかったパーティシーンが思い出されるような、かわいらしいカードで感謝の気持ちを。

撮影協力

Thanks

フレンチレストラン　パラッツオ

●営業時間
11:30～14:30
17:30～22:00
センスのいい調度家具や美術品に囲まれながら、贅を尽くしたフランス料理が楽しめる。20階からの展望もムード満点。
●〒103-8520
東京都中央区日本橋蛎殻町2-1-1
ロイヤルパークホテル20F
●TEL:03-3667-1111(代表)
●URL:http://www.rph.co.jp

Ristorante CORTESIA　リストランテ・コルテージア

●営業時間
11:30～14:30
18:00～22:00
定休日:月曜日
季節感たっぷりのイタリア料理と、きめ細やかな心尽くしで優雅なひとときを提供。バリエーションに富んだイタリアワインも楽しみのひとつ。
●〒107-0062
東京都港区南青山5-4-24　B1F
●TEL:03-5468-6481
●URL:http://www.r-cortesia.com/

利久。

●営業時間
11：30～14：00
18：00～24：00
店主自ら築地で仕入れてくる、吟味されたの旬の食材を使った和食が楽しめる。リーズナブルでボリュームのあるランチメニューはサラリーマン、OLにも人気。
●〒106-0031
東京都港区西麻布４-17-19
西麻布GCビル地下１階
●TEL：03-5464-9559

赤坂璃宮

●営業時間
11:30～15:00
17:00～22:00(平日)
11:30～21:00(土日祝)
定休日:月曜日
テレビや雑誌などでも広く活躍する譚彦彬氏が総料理長を務める。吟味された素材とこだわりの職人技による本格的な広東料理を堪能できる。
●〒104-0061
東京都中央区銀座6-8-7交詢ビル5F
●TEL:03-3569-2882
●URL:http://www.rikyu.jp/ginza.html

写真提供

● **日本マイセラ株式会社**
〒103-0007　東京都中央区日本橋浜町3-1-1
TEL:03-3661-9991　URL:http://www.mycella.com/

● **懐石料理 龍雲庵**
〒160-0022　東京都新宿区新宿1-18-3ルーツビル1F
TEL:03-3354-1777

● **鎌倉 鉢の木 本店**
〒247-0062　神奈川県鎌倉市山ノ内7
TEL:0467-22-8719　URL:http://www.hachinoki.co.jp/

● **高山市役所 商工観光部観光課**
〒506-8555　高山市花岡町2-18
TEL:0577-35-3145　URL:http://www.hidatakayama.or.jp

The BAR　F 青山

●営業時間
18:00～AM5:00
モルトやバーボン、リキュールなど、約600種類のボトルが並ぶショットバー。木目調の落ち着いた店内は、大人の時間をエレガントにすごすのに最適。
●〒107-0062
東京都港区南青山3-13-24-B1F
●TEL:03-3404-3337～8
●URL:http://www.f-timeless.com/aoyama/index.html

監修者紹介

松本 繁美（まつもと・しげみ）
日本大学法学部卒業。1994年にエル・ステーションLTD.を設立し、マナーをはじめとして、各種企業研修、講演会のプロデュースを手がける。専門学校の客員講師、雑誌のマナー記事の監修、TV番組のコメンテーターとしても活躍中。
著書に『女性のためのマナーブック』（大泉書店）、『大人のマナー・基本はこれだけ』（講談社）、『冠婚葬祭・暮らしのマナー大百科』（監修／日本文芸社）などがある。

カバーデザイン　板倉宏昌（リトルフット）
本文デザイン　白石智子（有限会社スタイルワークス）
本文イラスト　大竹雅楽代　小野塚綾子　内山弘隆
執　筆　早田昌美
撮　影　天野憲仁（日本文芸社）
撮影協力　長谷川智永子
編集・制作　有限会社ヴュー企画

モデル

品川景子（FMG）

山中富士子（FMG）

もう気にしない、困らない！
美しいテーブルマナー

監修者　松本繁美
発行者　西沢宗治
CTP製版　株式会社公栄社
印刷所　玉井美術印刷株式会社
製本所　株式会社越後堂製本
発行所　株式会社 日本文芸社
〒101-8407　東京都千代田区神田神保町1-7
TEL　03-3294-8931（営業）　03-3294-8920（編集）
振替口座　00180-1-73081

Printed in Japan 112060410-112060410Ⓝ01
ISBN4-537-20440-0
URL http://www.nihonbungeisha.co.jp/
編集担当　石井

Table manners

more beautiful life !!